Das Buch: Andreas Altmann ist getrieben von Reise- und Lebenslust. Mit seinen Reisen in die Ferne unternimmt der Autor in diesem Buch voller Abenteuer- und Liebesgeschichten auch immer eine Reise zu sich selbst – auf der Suche nach dem wilden Leben. Denn allen Stories gemein ist Altmanns unbezwingbares Verlangen nach jener Unmittelbarkeit der Erfahrungen, um derer willen er auch Schmerz und eigenes Leid nicht scheut, wenn sie ihm nur Augenblicke größtmöglicher Intensität versprechen. Wie erfreulich für den Leser, kann er doch teils voyeuristisch, teils schaudernd, teils gerührt an extremen Erlebnissen teilhaben. In allen Geschichten wird klar, Andreas Altmann sucht im Widerständigen, im überraschenden Moment, im Fremden das Leben und seine Herausforderungen. Seine nicht selten aufblitzende antibürgerliche Haltung erweist sich dadurch als ein besonderer Weg der Sinnsuche.

Der Autor: Der Reporter und Buchautor Andreas Altmann trampte nach dem Abitur ein Jahr lang durch Europa. Neben abgebrochenem Psychologie- und Jurastudium sammelte er höchst unterschiedliche Erfahrungen – als Spüler, Privatchauffeur, Anlageberater, Straßenbauarbeiter, Buchclubvertreter, Nachtportier, Dressman oder Ghostwriter. Nach einem dreijährigen Schauspielstudium mit Abschluss am Mozarteum in Salzburg war er am Bayerischen Staatsschauspiel und am Wiener Schauspielhaus engagiert. Es folgten längere Aufenthalte in einem indischen Ashram, einem Zenkloster in Kyoto, später Arbeit – jetzt als Reporter – und Studium in New York und Mexico City. Dazwischen Reisen durch Asien, Afrika und Südamerika. Seine Reportagen erschienen bei GEO, Zeit-Magazin, Tempo, FAZ-Magazin, Stern, Playboy, Merian, SZ-Magazin, Focus, Mare und in mehr als fünfzehn ausländischen Zeitschriften. 1991 erhielt er den renommierten Egon-Erwin-Kisch-Preis für die Reportage „Äthiopien ganz nah: Leben am Rand der Welt“ (FAZ-Magazin). 2003 folgte eine Auszeichnung der Deutschen Aids-Stiftung. Zwischen seinen Reisen lebt er in Paris. Zurzeit ist er für sein neuntes Buch in Asien unterwegs.

Andreas Altmann

Getrieben.

solibro originär

1. Timmerberg, Helge:
   Tiger fressen keine Yogis. Stories von unterwegs.
   Mit einem Vorwort von Sibylle Berg.
   Münster: Solibro-Verlag 2. Aufl. 2002 (2001)
   ISBN 3-932927-16-8

2. Altmann, Andreas:
   Getrieben. Stories aus der weiten wilden Welt.
   Münster: Solibro-Verlag 1. Aufl. 2005
   ISBN 3-932927-25-7

SOLIBRO-Verlag Münster

Andreas Altmann

getrieben.

Stories aus der weiten wilden Welt

solibro

Informationen über unser Programm erhalten Sie unter:

www.solibro.de

Titelfoto und Covergestaltung
Peter Wiesmeier

Umschlag- und Reihengestaltung:
Wolfgang Neumann

Druck und Bindung:
GGP Media GmbH, Pößneck

Verlag:
SOLIBRO®-Verlag, 48143 Münster
Tel.: 07000-SOLIBRO (07000-7654276) / www.solibro.de

1. Auflage 2005 / Originalausgabe

Gedruckt auf chlorfrei gebleichtem und alterungsbeständigem Papier.

ISBN 3-932927-25-7

Druckfehler vom

Wenn der Leser nicht in Gefahr ist, liest er nicht.
Und wenn der Autor nicht in Gefahr ist, schreibt er nicht.

Harold Brodkey

Ich bin wie alle Menschen unaufschiebbar.

Pablo Neruda

Für Andrea, die Marathonfrau.

Für Frido, den Freudemacher.

Inhalt

Vorwort

Das wird ein seltsames Vorwort. Hier will der Autor dem Leser vom Buch abraten. Sagen wir, dem „falschen" Leser. Das wäre im vorliegenden Fall der moralisch einwandfreie Zeitgenosse, der zartnervige, der genitalzonenfreie, der von aller kriminellen Energie erlöste, eben jener, der gern zum „guten Buch" greift. Hier greift er daneben.

Die Schlauen unter uns werden mich sogleich entlarven. Als einen Trickreichen, der hier scheinheilig falschen Alarm schlägt, um die Erregungsindustrie anzukurbeln. Ach Gottchen, wenn es nur so wäre. Ich weiß, wovon ich rede. Einige Testleser haben bereits ordentlich auf die Manuskripte gespuckt. Ich vermute, dass mich alle, die diese achtzehn Texte – vor der Drucklegung – lasen, mich heute für einen weniger zuträglichen Mitmenschen halten. Vielleicht halten sie mich für weiß der Teufel was, aber für einsichtig, tolerant und dem Weltfrieden förderlich eher nicht.

Ganz nah ran, so hieß die Devise. Manchen ist das zu nah. Nichts wird hier „überhöht", nirgends taucht eine „Metaebene" auf, nicht eine Zeile Literatur. Nur Geschichten, die ich erlebt habe – bescheidener, die mir widerfuhren. Natürlich berichte ich nicht die Wahrheit. Gewiss die Wirklichkeit, noch präziser: jene Wirklichkeit, an die ich mich erinnere. Immerhin bin ich verwegen genug und unterschlage nicht meine Abstürze, ja, Mittelmäßigkeiten und Feigheiten. Lauter Zustände, die belästigen statt trösten. Ein „Lebenshilfebuch" ist es nicht geworden. Homosex, mehrfacher Versicherungsbetrug, schwerer Diebstahl, Impotenz, misslungene Nähe, Drogen, Hysterie, Aids, Liebesunfähigkeit, wer will sich das zumuten?

Die Stories sind autobiografisch. Die gemeinen Leser werden nach der Lektüre behaupten, sie wären erfunden. Dass ich lange als Reporter gearbeitet habe, verstärkt sie nur in ihrem Verdacht. Die Presse hat nun mal eine Begabung zum Phantasieren. Wenn die Gemeinen nur Recht hätten. Dann wäre ich ein veritabler Schriftsteller, dann wüsste ich, wie ich meine alten Tage verbringe: als Geschichtenerfinder, als einer, der die Welt im Kopf neu erzaubern kann. Kann ich nicht, bin nur ein umtriebiger Schreiber, der als Matrix nicht viel mehr hat als sein Leben. Und die Chuzpe – das schon – sich auszuliefern. Kann einer bescheidener sein als nur von sich selbst zu sprechen?

„Shoppen und Wellness“, las ich vor kurzem in einer Anzeige. Lockruf einer Stadt. Auf dass mir die Bekanntschaft dieses Orts auf ewig versagt bleibe. Wie gut, dass ich einmal mehr einen Zeitgeist verschlafen habe. Mir graut vor der Wohlfühlgesellschaft, ich fordere noch immer vehemente Gefühle, will noch immer zittern vor Glück, wenn eine Aufregung hinter mir liegt. Das gnädige Schicksal des Frühgeborenen, der vor der Erfindung der Virtualität auf die Welt kam, das ist das meine. Und all jener, die ihr Recht auf ein eigenständiges, eigenwilliges Leben nicht verraten haben. Ihnen ist dieses Buch gewidmet.

Abenteuer

Celeste

Liebe soll etwas Verbotenes haben. Das schärft die Wachheit, das Wissen um seine Verletzbarkeit. Liebe ist ein Geschenk an die Tapferen. Hört die Tapferkeit auf, geht die Liebe weg. Fast ein Jahr lang war Celeste dazu bereit. Heimlich und mutig hielt sie durch.

Als wir uns zum ersten Mal trafen, kam die Amerikanerin gerade aus Malaysia zurück. Mit einem kleinen Umweg über ihren Gynäkologen. Sie wollte wissen, ob sie schwanger war. Von ihrem Freund, mit dem sie in Asien unterwegs war. Und mit dem sie gemeinsam in Paris lebte. Celeste arbeitete als Reporterin, er als Fotograf. Der Befund war negativ. Wäre es anders gewesen, sie hätte es ebenfalls akzeptiert. Sie mochte den Mann.

Einer ihrer Arbeitgeber hatte ihr von mir erzählt. Er wollte, dass sie intensiver schreiben lernte, sie wollte das auch. Und so erwähnte der Mensch glatt meinen Namen. Am nächsten Tag rief Celeste an und sagte „Hi" und den Grund, warum sie mich sprechen wollte. Ihre freche Neugier war bestechend, wir verabredeten uns.

Eine knappe Stunde lang saßen wir im *Café Bastille*. Mir fiel auf, wie schön sie war. Nicht so ein hübsches amerikanisches Collegeface, nein, ein richtiges Frauengesicht. Good talking. Sie schien intelligent, vif, fleißig. Und auf lässige Weise bescheiden. Da ich keine Ahnung hatte, wie jemandes Kunst des Schreibens zu verbessern, zitierte ich einen Großmeister, Henry Miller, der jedem den energischen Rat gab, es ordentlich mit der Sprache zu treiben. Henry, wörtlich: „Du musst sie jeden Tag ficken, sie watschen und auf den Kopf stellen, sie von vorn und von hinten stoßen. Dann, vielleicht, wird sie Laute von sich geben, die überraschen."

Celeste verkraftete den Satz, notierte ihn sogar. Als wir uns verabschiedeten, war ich nicht sicher, ob Millers Bemerkung nicht eine Spur zu heftig gewesen war. In der Metro wusste ich plötzlich, warum ich es tat. Ich wollte die Frau provozieren, ihr das Schreiben ausreden. Ich zweifelte an ihrer Stärke, an ihrem Willen, für den Weg zur Spitze stark genug zu sein. Sie schien mir zu versöhnlich, nicht im Besitz dieses Feuers, das gefräßig genug lodert, um bereit zu sein, für alles zu bezahlen. Denn nur wer lodert, hat das Recht zu schreiben.

Seltsamerweise rief sie ein paar Tage später wieder an, schlug den Besuch einer Lesung mit Doris Lessing vor. Wir gingen ins British Council. Sie hörte aufmerksam hin, notierte wieder, wusste hinterher hundert Details. Der Augenblick berührte mich sehr, als mir bewusst wurde, dass ich mit einer schönen Amerikanerin durch Paris schlenderte, um ihr beim Reden über Doris Lessing zuzuhören. Während des Sushi-Essens erwähnte sie mehrmals ihren Freund, sprach gut und sanft von ihrer innigen Beziehung. Zwischendurch hatte ich den Eindruck, dass sie die Innigkeit einmal zu oft erwähnte. Als wollte sie mir signalisieren, mich in keine falschen Hintergedanken zu verirren.

Ich musste für drei Wochen verreisen. Bisweilen erinnerte ich mich an Celeste. Ohne sie zu begehren und ohne von ihr zu träumen. Aber ich mochte den Gedanken an jemanden, der Sprache liebte und nach ihr suchte. Zu ihrem Geburtstag schickte ich ihr zwei Zeilen aus einem Rilkegedicht:

„Gib deine Schönheit immer hin / ohne Rechnen und Reden. / Sie spricht für dich. Und sagt: Ich bin."

Mit dem Feuer spielen, das wollte ich schon. Dachte ich.

Noch zweimal sahen wir uns. Dann wurde ich nervös. Entdeckte ich doch etwas Drittes an ihr: Wärme. Kein kaltes Großstadtweib flanierte da neben mir, kein nachdrücklich gepflegter Body mit einem frigiden Herz. Celeste war ein warmer Mensch. Auch das noch.

Dennoch, ich war noch immer guten Willens, das Schwärmen auszuhalten, nichts zu versuchen, um die Träume in die Wirklichkeit zu zerren. Außerdem gab es da einen anderen Mann. Ich wollte phantasieren, nicht sündigen, nicht eindringen.

Sie fing wieder an, jetzt das zweite Mal. Das Telefon klingelte und Celeste verkündete, dass sie umgehend bei mir sein werde. Punkt. Dann hängte sie ein. Dreißig Minuten später betrat sie zum ersten Mal meine Wohnung und legte sich auf den Futon. Ohne ein Wort der Erklärung.

Kein Handgriff ging mir daneben. Ich verdunkelte etwas, machte Tee, massierte behutsam ihre Stirn. Täuschte sie doch ein leichtes Kopfweh vor. Instinktiv begriff ich, dass es sich um einen Test handelte. Ein schneller Fick war das Letzte, was sie sich bei mir abholen wollte. Sie spionierte mich aus, suchte nach Indizien, ob ich grundsätzlich als Mann in Frage käme.

Der Fotograf war noch immer ihr Freund, noch immer lieb, noch immer wichtig. Aber er war das, was die Franzosen „mou" nennen, etwas matt, etwas träge. Zudem ein Schweiger. Kein Teilnehmer, kein Widersprecher, kein Sucher. Nie sprach sie gemein über ihn, aber aus ihren Nebensätzen war unschwer zu erraten, was den beiden fehlte. Eben Leidenschaft, crazyness, so ein heftig sprudelndes Gefühl, verliebt zu sein. Die erste bürgerliche Todsünde – ranzige Routine – hatte die zwei bereits infiziert.

Wir beide waren neu, wir blühten. Eine schwer zu stillende Sucht nach Kommunikation ging los. Unter dem Deckmantel der Liebe zur Sprache konnte sie das vor sich rechtfertigen.

Wir trafen eine Reihe von Sicherheitsmaßnahmen. Sieben Minuten von ihrer Wohnung entfernt gab es ein Postamt, bei dem sie meine Briefe an sie abholte. Wollte ich sie telefonisch sprechen, ließ ich es einmal läuten. War sie allein, rief sie zurück. Hob der Fotograf ab, war ich der harmlose Alex, ein mit schwerem amerikanischen Akzent plappernder Computerfreak, der Celeste ein neues Programm verkaufen wollte. Oder wir faxten. „Früher gab es Liebesbriefe, heute gibt es Liebesfaxe", kritzelte ich einmal. Sie antwortete nicht, die größeren Wörter waren ihr suspekt.

Kurz nach Mitternacht begannen unsere *pillow talks*, schon im Bett liegend, unsere Köpfe auf zwei weit voneinander entfernten Kopfkissen. In Paris lagen drei Kilometer, außerhalb Paris manchmal der halbe Erdumfang dazwischen. Das Ritual war jedesmal unaufschiebbar, denn einer von uns hatte tagsüber einen Satz, ein Wort gefunden, über das jetzt unbedingt geredet werden musste. Oft endeten unsere Gespräche mit dem Geräusch eines blitzschnell aufgelegten Telefonhörers. Der Fotograf war ins Schlafzimmer gekommen.

Nach einem dieser Gespräche – ich lag gerade auf einem amerikanischen Kopfkissen – fingen meine Schmerzen an. Ich hatte mich verrechnet. Dass der Fotograf über so ungehinderten Zugang zu ihrem Bett verfügte, verwundete mich plötzlich. Ich hatte mir ursprünglich vorgenommen, ihn zu übersehen, ihm die eher unerotische Aufgabe zukommen zu lassen, sich um den täglichen Grind der Beziehung zu kümmern. Mir wollte ich die Höhepunkte reservieren. Jetzt beschloss ich, den Fotografen zu besiegen. So phantasierte ich.

Ich rannte los. Mit Hilfe der Weltliteratur besang ich ihre Schönheit. Mit Hilfe meiner Versessenheit machte ich ihr den Hof. Wenn ich irgendetwas von dieser Frau begriffen hatte, dann ihr Verlangen nach einem Mann, der verrückt nach ihr war. Ihr Freund war nicht verrückt, er war lieb. „You only", alle anderen Formulierungen ließen sie kalt.

Es fiel leicht, von dieser Frau zu singen. Natürlich bin ich Opfer moderner Schönheitsideale: groß, schmal, sehr weiblich. Doch davon laufen Heerscharen durch Paris. Aber Schönheit wirft erst dann um, wenn unter dem schönen Haar ein Hirn fiebert. Wenn in den graugrünen Augen Neugier funkelt, so eine Sucht nach Welt und Wissen und Sprache. Sie hatte das, was ein französischer Schriftsteller „la troisième pensée" nannte: die Fähigkeit, blitzschnell zu kombinieren, aus einem ersten und einem zweiten Gedanken – das wäre ein Gespräch – einen dritten, einen neuen, einen überraschenden zu formulieren.

Und Wärme, Warmherzigkeit ging von Celeste aus. Die supercoole Frau, die vor Blasiertheit und Kälte stinkt, lieber nicht. Body, mind, warmth – alphabetische Reihenfolge, auch im Englischen passten die Wörter gut zueinander.

So besaßen wir nur noch ein Problem: Ihren Argwohn. Sie selbst nannte sich eine „one man-woman", eine Frau, die nur zu einem Mann gehören wollte. Ich aber, so spottete sie, sähe anders aus, bestimmt nicht wie ein „one woman-man". Ich ging nicht darauf ein. Ich hatte noch immer keine Ahnung von den Abgründen ihrer Angst.

Vier Monate nach ihrem ersten Hi begann mein Siegeszug. Der Fotograf war ohne sie unterwegs und Celeste allein in Paris. Ich entführte sie und fuhr mit ihr auf ein Schloss nach Chantilly-Gouvieu, eine halbe Stunde außerhalb der Hauptstadt. Zwischen den elegantesten Rennpferden der Welt und einem Märchenwald stand ein Hotel, das mir exquisit genug erschien, um dort in einer der Schlosskammern unsere erste Nacht zu verbringen.

Wir nannten sie später „the blue night", weil der hellblaue Nachthimmel durchs Fenster leuchtete. Natürlich lagen wir an allen Körperteilen angezogen im Bett. Immerhin ließen wir unsere Lippen frei, so war lange Zeit, um alle in den letzten hundertzwanzig Nächten versäumten Küsse nachzuholen.

Zwei Tage später landete ich in Kabul. Dort schien es nicht gefährlicher als in Paris. Die erste Nachricht, die ich über BBC hörte, handelte von einem Bombenanschlag in der Metrostation St. Michel, ganz in der Nähe ihrer Wohnung. Die Terrorwelle algerischer Fundamentalisten hatte begonnen. Ich vergaß den afghanischen Bürgerkrieg und jagte in Schrecken, die mir neu waren. Über das Satellitentelefon des Roten Kreuzes versuchte ich, sie zu erreichen. Diesmal trat ich – wie vorher besprochen – als indischer Arzt auf, als alter Freund, der sich um Celeste sorgte. Vergebliche Versuche, mit ihr zu sprechen. Ich hinterließ eine Nachricht. Erst Tage später kam ein Fax von ihr durch, alles o.k.

Die einmonatige Trennung hatte mich wundgerieben. Wäre Sehnsucht ein Volk, dann war ich inzwischen China. Als ich zurückkam, hatten wir ein einziges gemeinsames Frühstück und ein Dutzend heimlicher Küsse. Anschließend begleitete ich sie zum Flughafen, Celeste musste nach Amerika. Ich hielt den Gedanken nur aus, weil wir uns für New York verabredet hatten, zwei Wochen später. Ihr Freund war noch immer ihr Freund und ich noch immer der Mann, auf den sie sich nicht verlassen wollte. Ich gab ihr ein Gedicht von Sheenagh Pugh mit: „Sometimes“. Da stand, was sie jetzt wissen musste: „Sometimes a man aims high, and all goes well.“

Ich disziplinierte mich mit Arbeit. Bisweilen unterbrochen von den Gedanken, dass es in Paris pro Quadratmeter mehr überwältigend schöne Frauen gab als auf irgendeinem anderen Quadratmeter der Welt. Und dass ich ein paar tausend Meilen weit fliegen würde, um die eine, die Einzige zu treffen, die mir das Herz verwüsten konnte.

Als ich sie am John F. Kennedy Airport wiederfand, römisch elegant in einem italienischen Hosenanzug, mich auf den letzten zehn Metern zu ihr noch einmal erinnerte, dass sie zu alledem noch klug war und Wörter liebte, da schwindelte mir für den Bruchteil einer Sekunde und ich begriff, dass solche Höhen einen Preis haben und dass ich dieses Mal bereit war, ihn zu zahlen.

Auf dem Parkplatz stand ihr gelber MG, vor Tagen erst ausgemottet nach langen Monaten in der Garage von „Grandma". Celeste war Waise und Grandma war die Mutter ihrer Adoptivmutter, die den Säugling vor siebenundzwanzig Jahren aus einem Krankenhaus in der amerikanischen Provinz geholt hatte. Kurz darauf war der Adoptivvater davongelaufen, vom tatsächlichen Vater war nie eine Spur entdeckt worden. Die beiden Frauen aber hielten durch, behüteten das Kind mit allem, was sie hatten. Celestes Bedenken mir gegenüber hatten wohl auch mit den Erinnerungen an ihre abwesenden Väter zu tun.

Aber heute war ein blauer Tag in New York, unser beider brüchige Kindheiten schienen so belanglos. Auch das bewunderte ich an ihr. Celeste war nicht wehleidig, ging nicht hausieren mit ihrem Unglück. Ich musste sie fragen, erst dann erzählte sie. Einmal, und hinterher nie wieder.

Wir brausten Richtung Norden, wir hatten schwer gearbeitet und verdienten die nächsten zehn Tage Ferien. Now or never, jetzt roch ich meine Chance, jetzt war zehn kanadische Tage und Nächte lang Zeit, dieser Frau beizubringen, dass ich bis in meinen schlaflosen Herzmuskel hinein nach ihr verlangte. Und dass diese Sehnsucht ihr Leben bereichen würde. Diesmal würde ich gewinnen. Mit dem Fotografen einen Atlantik weit weg und mit mir so nah, so unausweichlich nah, jetzt konnte ich nicht mehr verlieren. – Ich Träumer.

Kanada hielt jedes Versprechen. Nichts fehlte. Nicht die Tiefenschärfe, nicht die Pferde, nicht die Blockhütten, nicht das Kaminfeuer. Und nicht Charles Bukowskis *Hot Water Music*, ein Text, der von einem Liebespaar erzählte, das im *Blue Moon Hotel* übernachtete. Ich hatte das Buch wohlweislich mitgebracht, eines Abends – endlich – passte die folgende Stelle: „Es war verblüffend, daß hin und wieder eine Frau erschaffen wurde, die so aussah, es war zum Verrücktwerden. Victoria war ein schöner, verrückt machender Traum."

Sechs Monate kannten wir uns jetzt und Celeste war nun leichtsinnig genug, sich mitten auf einer kanadischen Prärie durchgehend unbekleidet neben mich zu legen. Hatte ich doch – nicht wissend, woher ich die Kräfte nehmen wollte – versprochen: „Einfädeln" – so nannte es Henry Miller gelegentlich – kam nicht in Frage. Sie war sinnlich und altmodisch. Ohne Liebe war sie nicht bereit, Liebe zu machen. Ich solle Langmut zeigen. „Es gibt keine Liebe", sagte sie, „nur Beweise der Liebe. Also beweise."

Die Titanenpflicht fiel leichter als befürchtet. Not macht zärtlich, Not macht schwindlig. Da wir uns „das Letzte" verbaten, fanden wir hundert vorletzte Aktivitäten, um unsere Körper in Aufregung zu versetzen. Trotzdem, es kamen Augenblicke, in denen wir beide (ja beide) nur mit Hilfe heiliger Selbstbeherrschung die „Pforte zur Todsünde" – mein Religionslehrer – vermieden.

In einem dieser Momente fiel Celeste der passende Ausdruck ein: „It's like going to the ramp." Ein Bild aus Cape Canaveral, wo man steil nach oben ragende Raketen – wenn der donnernde Vergleich erlaubt ist – zur Rampe schafft. Mit dem entscheidenden Unterschied, dass der zur Explosion bereite Flugkörper kurz darauf abgeschossen wurde. Anders hier, irgendwo unter den Sternen von British Columbia, wo ich des Öfteren vor Explosionslust zitterte und nie in den Himmel fahren durfte. Dass während unserer letzten Nacht – wir schlitterten jetzt in einem feinen Hotelzimmer zur Rampe – der Feueralarm im Flur losgellte, empfand ich schließlich als Erlösung. Wer weiß, ob ich noch einmal durchgehalten hätte. Nur noch das Jaulen der Feuerwehr von Vancouver hielt ich für schrill genug, um mich an mein Versprechen zu erinnern.

Falscher Alarm, nichts brannte. Kichernd kehrten wir in unser Bett zurück. So blieb es bei ihren Konditionen: Erst bei Ausbruch der Liebe würden wir todsündigen. Nicht eine Stunde zuvor. Und da Liebe von ihr zu mir noch nicht ausgebrochen war, musste ich beweisen, dass ich der Liebe wert war. So einfach, so fordernd lautete der Eintrittspreis.

Meiner „infatuation", so nannte sie das, meiner Vernarrtheit, der glaubte sie schon. Am nächsten Morgen hängte ich Brechts „After I had gone" (Als ich nachher von dir ging) an den Badezimmerspiegel, die zweite, die poetischste Strophe war rot umringelt:

Since we passed that evening hour
You know the one I mean
My legs are nimbler by far
My mouth is more serene.

(Und seit jener Abendstund
Weißt schon, die ich meine
Hab ich einen schönern Mund
Und geschicktere Beine.)

Letzter Morgen, schwieriger Morgen. Celeste stellte den MG bei Freunden unter, ich rief beim „VIP Transport Service" an und forderte eine *Super Stretch Limousine* an, diese acht

Meter langen Zuhälterschlitten mit Chauffeur, Bar, Fernseher und Telefon. Am wichtigsten waren die dunklen Fensterscheiben. Denn wir heulten den weiten Weg zum Flughafen. Ich, weil ich erfahren musste, dass die zehn Tage und zehn Nächte nicht ausgereicht hatten, um sie endgültig zur Liebe für mich zu überreden. Sie, weil sie anfing zu begreifen, wie nahe wir uns gekommen waren und wie unfähig sie schien, sich zu entscheiden.

Nicht zu fassen: Einmal hatte ich in einem unserer kanadischen Badezimmer eine Arztrechnung von einem gewissen Dr. Singh gefunden, Chiropraktiker in Brooklyn. „Misalignment“, stand da, ihr Becken war – so der Doktor – „schlecht ausgerichtet“. Erstaunlich, ich fand es bisher auf geradezu sinnverwirrende Weise intakt.

Als ich Celeste darauf ansprach, fiel eine kleine Bombe. Unter leichtem Würgen beichtete sie die Geschichte ihres mitgenommenen Unterleibs. Höchstwahrscheinlich war dafür der seit drei Jahren an ihr tätige Fotograf zuständig. Denn ihre Vagina schien er von Anfang an mit einem Trichter zu verwechseln, in den sich nach ein paar hurtigen Friktionen komplikationslos ejakulieren ließ. An ihren fünf Fingern konnte Celeste die Viertelstunden nachzählen, in denen auch etwas für sie an sinnlicher Wonne abfiel. Das letzte Mal im letzten Jahr. Inzwischen hatte sich ihr Skelett verbogen, wundgescheuert von einem linkischen Liebhaber. Deshalb wohl ihr Hunger nach Langsamkeit, nach zarten Griffen und Zögern.

Wir nahmen zwei verschiedene Maschinen, besser so. Möglich, dass jemand Celeste in Paris abholte. Ich hatte mir noch am Flughafen ein Buch gekauft, „The Bridges Of Madison County“, eine famos kitschige, neun Millionen Mal gedruckte Love story, deren mutloses Ende nichts dazu beitrug, mich zu beruhigen. Aber die Lektüre half, meinen schwelenden Verdacht zu verstärken: Von „Angst“ – dieses deutsche Wort gab es seit ein paar Jahren nun auch in Amerika – war mehrmals die Rede.

Während der zehn Stunden Flug dämmerte mir, was ablief. Da war kein Kampf zwischen dem Fotografen und mir. Der Kerl schien brav und überschaubar, der starrte in keine Abgründe, den versuchte nichts. Celeste mochte ihn noch immer. Trotz seiner plumpen Auftritte als Beischläfer. Der Kampf ging zwischen mir und ihrer Angst. Ich galt als Angstmacher, als Jäger, als einer, der nichts wissen wollte von der Zeit nach der Eroberung. Sie hielt mich für einen interessanten Schwächling, der nicht mehr viel wert war, sobald er gewonnen hatte.

Dass Celeste noch immer, trotz so vieler Mangelerscheinungen, an die Wiederauferstehung der Liebe zwischen ihr und dem Fotografen glaubte, auch das musste ich einsehen auf dem Weg zurück nach Europa. Das hatte sie mit so vielen anderen Frauen gemeinsam: Dieses Nicht-Loslassenwollen, dieses Nicht-Begreifenkönnen, dass es vorbei war.

Wie auch immer. Ich rannte weiter auf sie zu. Und sie wich nicht aus. Zwei Stunden, nachdem wir gelandet waren, liefen alle Kommunikationsmittel wieder auf Hochtouren. Wieder unter strenger Geheimhaltung. Trotz meiner jetzt beißenden Eifersucht erkannte ich, dass das Verbotene der Garant unserer Geschichte war. Solange sie verboten und heimlich war, konnte uns nichts misslingen, bestand keine Gefahr, in die Fallen der Gewöhnlichkeit zu tappen. Heimlich flüstern, heimlich Botschaften lesen, heimlich diesen schönen Menschen in einen dunklen Toreingang schubsen und voll freudiger Beklemmung alles Bloßgelegte abküssen, jede dieser Tätigkeiten bewahrte uns vor dem Fluch der Unlust und der Mühsal eines geregelten Lebens zu zweit.

„You are the perfect thrill provider", sagte Carol Lombard in Lubitschs *To be or not to be* zu ihrem Helden, der sie immer (diskret) in der Garderobe besuchte, während ihr Ehemann auf der Bühne den Langweiler Hamlet deklamierte. So wollte ich, dass Celeste zu mir redete. Ich wollte nicht aufhören, sie mit dem thrill, den Aufregungen, zu versorgen.

Ich ließ eine Kiste, breiter als ihre Haustür, zimmern und suchte ein Taxi, einen Kombi, um das Ungetüm vor ihre Wohnung zu transportieren. Alles war genau getimed. Als ihr Freund auf die Strasse trat und ums nächste Eck bog, bat ich den Fahrer, vorzufahren und bei Celeste zu läuten. Ich war inzwischen ausgestiegen und beobachtete, hinter einem Bauzaun versteckt, was nun passieren würde. Der Dicke läutete und Celeste kam herunter. Sie muss sofort gecheckt haben, woher das riesige, blau eingewickelte Paket kam, denn in furioser Eile versuchte sie, es in den Flur zu zerren. Vergeblich, trotz der rührenden Hilfe des Fahrers. So mussten sie es mitten auf dem Trottoir, mitten in Paris, zerlegen. Um es klein genug zu bekommen für den Weg über die Schwelle.

Zwanzig Minuten später – ich besaß jetzt ein Handy, um keinen Ton von ihr zu versäumen – rief sie mich an. Hatte sie doch in der zwei Kubikmeter großen Verpackung nichts anderes als ein halbes Gramm leichtes Stück Papier gefunden, ein Billet für einen Serge Reggiani-Abend im Olympia, dem bekanntesten Konzertsaal der Stadt.

Reggiani war einer meiner französischen Lieblingssänger, er besaß diese souveräne, menschenfreundliche Resignation, von der ich so elend weit entfernt war. Und um die ich jeden beneidete. Aber ich wählte ihn aus einem ganz bestimmten Grund: Er würde das Lied *Sarah* singen, und ich wollte, dass Celeste es hörte. Um ihren Argwohn zu dämpfen.

Drei Tage später hörten wir es, mehrmals, denn der Refrain kam sechs Mal: „La femme qui est dans mon lit n'a plus vingt ans depuis longtemps." Reggiani singt da von einer Liebe, die durchhält, auch wenn die Frau in seinem Bett schon lange nicht mehr zwanzig Jahre alt ist. Celeste weigerte sich zuzulassen, dass ich anders sein, anders werden könnte. Anders als sie vermutete. Dass aus einem Jäger ein Behüter werden konnte, eben einer, der nicht von ihr loslassen würde, auch dann nicht, wenn die Räusche der Vernarrtheit vorüber waren.

Ich schien jetzt überzeugt, dass ich bei ihr durchhalten würde. Ich lief nicht mehr schreiend weg, wenn diese Frau davon sprach, Mutter werden zu wollen. Ich ertrug die so irrwitzige Vorstellung, irgendwann Vater zu sein. Ich befreundete mich mit den so fremd klingenden Wörtern „sexuelle Treue".

Jacques Prévert sprach einmal davon, dass Liebende einen Code brauchen, Symbole, poetische Zeichen, um miteinander zu kommunizieren. Celeste war möglicherweise im falschen Jahrhundert geboren worden, denn sie träumte von Helden und Rittern, die Wirbelwind und Schwerelosigkeit zauberten und auf geflügelten Pferden ihre angebeteten Ritterfräuleins eroberten.

Ich spielte gern den Ritter. Leider fehlte mir das Talent zum Minnesang. So strich ich abends durch die Metro, um einen zu finden, der als Eroberer auftreten und nebenbei noch singen konnte. Nach einer Woche entdeckte ich Terence, einen seit vierzehn Jahren durch den Untergrund von Paris ziehenden Musiker aus Nebraska. Schöner impertinenter Schmelz lag auf seiner Stimme. Ich führte ihn zurück an die Erdoberfläche, in einem stillen Café ließ ich ihn vorsingen. Er passte.

In der Rue Saint-Denis, mitten im Nuttenviertel, fand ich einen Kostümladen. Ich kleidete den Amerikaner als d'Artagnan ein, mit schwarzem, weitem Filzhut, Henriquatre-Bart, rotem

Wams und goldglänzender Schärpe. Rechts baumelte ein mondäner Degen.

Zwei Tage später fuhr ich den Mann zu seinem Arbeitsplatz, dem Bürgersteig gegenüber Celestes Wohnzimmerfenster. Etwas Herzbewegendes geschah. Terence fing an, auf seiner Gitarre zu zupfen und wundersam ölig Elvis Presleys „I can't stop falling in love with you" zu seufzen, als nicht nur Celeste ihre Balkontür im dritten Stock öffnete, sondern sieben andere Fenster aufgingen und lauter Frauengesichter zum Vorschein kamen, die alle still und ergriffen zuhörten, wie Terence, der Ritter aus Nebraska, um elf Uhr abends in eine laue Pariser Oktobernacht Elvis' Liebesschnulze wimmerte.

Da ich Celeste an diesem Morgen um zwei Dinge gebeten hatte – einen Brief an sie beim Postamt abzuholen und abends (ohne den Fotografen) zu Hause zu sein – wusste sie sofort, wer der Auftraggeber von Terence war. Den Brief sollte sie erst lesen, wenn „the hanky-panky" vorbei war. Hanky-panky war unser Deckname für alle Kitzel, die wir uns gegenseitig verschaffen wollten.

Terence verbeugte sich, genoss den von fröhlichem Gekicher begleiteten Applaus und verschwand. Ich sah Celeste das Kuvert öffnen, in dem ein langer Liebesbrief lag. Der schwerstwiegende Absatz darin sprach von einer bestimmten Rasse von Enten, die – einmal zusammen – sich nie wieder trennen. So dramatisch und hungernd nach ihr schrieb ich das hin. Mein Leben schien jetzt nur ein Ziel zu haben: Dieser Frau nah zu sein und ihr die Angst zu nehmen, noch einmal verlassen zu werden.

Die Idee, dass alles anders war, dass von meinen Mutmaßungen und Kopfgeburten nicht eine stimmte, dass ich auf geradezu groteske Weise etwas vor mir verheimlichte, diese

Idee kam mir nicht. Ich schien noch immer nicht stark genug, die Wirklichkeit zu ertragen.

Celeste schmolz, die abendliche Szene eines singenden Ritters ließ für Stunden ihre Alarmglocken ruhen. Am nächsten Morgen um sieben Uhr früh – ihre Haut war noch warm vom Bett, das sie mit dem Fotografen geteilt hatte – stand sie vor meiner Tür, schob mich zur Seite und legte sich splitternackt in mein Schlafzimmer. Sie schnatterte jetzt vor Lüsternheit, ließ fast alles zu, nur nicht, noch immer nicht, alles.

Hinterher heulte sie, ihre Schuldgefühle kamen so garantiert wie ihre Lustwellen. Sie hasste Lügen, sie hasste das Gefühl, kein Verlangen mehr nach dem Fotografen zu spüren, sie litt unter ihrem Mangel an Mut, dem Mut, sich zu entscheiden.

Wir mussten uns trennen. Um wieder im ganz normalen Leben zwischenzulanden. Ich ging nach Afrika, sie mit dem Fotografen nach Indien. Die Entfernung tat uns drei Tage gut, dann begann von neuem das *jonesing*. Das ist ein Ausdruck der Crackheads in Brooklyn, er beschreibt das Zittern. Weil der Nachschub fehlt, weil nichts ins Blut strömt, das besänftigt. Auch funktionierten keine pillow talks zwischen einem indischen Dorf und einem afrikanischen Kral. Als ich endlich in eine größere Stadt kam, erfuhr ich die ersten News. Sie klangen nicht gut.

Celeste panikte. Sie wollte nicht mehr, dass ich nach Rajastan kam, um gemeinsam eine Woche durch unser Lieblingsland zu reisen. An dem Tag, an dem ihr Freund zurück nach Paris flog, sollte ich einfliegen. So war es besprochen. Die Lügengeschichten machten sie krank, eine Tonne Falschmeldungen sollte sie ihm einreden, um plausibel zu machen, warum sie ohne ihn in Indien bleiben wollte.

Ich nahm nichts zur Kenntnis, verweigerte die Annahme der Nachrichten. Wenn sie darauf bestand, mich auszuladen, dann musste sie das von Angesicht zu Angesicht erledigen. Ich jedenfalls würde die sechstausend Kilometer zurücklegen, und wäre es nur, um mir eine Absage anzuhören.

Das muss ihr imponiert haben, denn zuletzt kabelte sie einen hinreißenden Text: „Would it be rude to ask you for a test? If ever the hanky-panky goes out of control?“ Eine Zeile aus einem Hollywood-Film. Jetzt war sie bereit für alles. Dass ich tagelang transpirierte, bevor ich das Ergebnis des Aidstests in Händen hielt, auch das schien mir nur Teil eines langen, steilen Anlaufs hin zu dieser Frau. Aber in Asien würde ich ankommen bei ihr, würde näher ihrem Körper und ihrem Denken sein als jeder Andere. Sie würde mich wählen. Mich, den Einfältigen, der noch immer nichts begriffen hatte.

In einem seiner Tagebücher notierte Albert Camus einmal, „dass diejenigen Liebenden Narren seien, die glaubten, die Welt um sie herum wäre verschwunden.“ Aber Camus war nie in Indien gewesen, hatte nie erfahren, dass auf diesem Erdteil die Spielregeln der übrigen Menschheit nicht gelten. Erst recht nicht für Liebende, die Indien lieben.

Irgendwo in 10.000 Meter Höhe über Teheran müssen wir uns, der Fotograf und ich, gekreuzt haben. Um vier Uhr morgens landete ich im Hotelbett Celestes. Wir waren glücklich und zaghaft wie Kinder. Der Kampf mit ihrem penetranten Gewissen hatte sich schon abgeschwächt, das Rauschgift Indien wirkte bereits.

Am nächsten Tag buchten wir eine Reservierung in einem Schönheitssalon. Mit keiner Silbe hatten wir die Möglichkeit einer vollständigen, auf nichts mehr verzichtenden Liebesnacht erwähnt. Sie schien da, sie war nur noch eine Frage von ein paar Tagen und Nächten der Vorbereitung. Deshalb die Idee, den Beauty Shop aufzusuchen. Wir wollten schön sein und geschmeidig, wollten unsere Haut, unsere Hände und Fingerspitzen einstimmen, damit sie nichts falsch machten, wenn die „Stunde des Erkennens“ (Salomon) kommen würde.

Indien schenkte uns alles, was wir wollten. Am späten Nachmittag heuerten wir den feinen, so höflichen Fahrer Jubatt und seinen mit rosenweißen Deckchen ausgelegten Ambassador an und verließen New Delhi Richtung Rajastan. Eine warme Novembersonne strahlte, an der ersten Bahnschranke setzte sich ein Vogel auf den rechten Scheibenwischer, der Mond zog später auf, Jubatt raste – wie alle anderen Inder um uns herum – leichtfertig durch die Nacht.

Am nächsten Abend fanden wir den Ort, an dem uns keine Ausflüchte mehr einfielen. Die Fata Morgana hieß *Samode Palace* und lag eine knappe Autostunde außerhalb von Jaipur. Als wir durch das Palasttor in den Hof einfuhren, war die einzige Antwort auf den betörenden Wahn: aussteigen und niederknien. Die von schönen alten Männern mit gezwirbelten Schnauzbärten und rajastanrot leuchtenden Turbanen gesäumte Schlosstreppe führte direkt in den Himmel. Stiller Himmel, nur das Knistern der brennenden Fackeln war zu hören. Und das leise Kichern von Jubatt, der triumphierend „voilà“ sagte, unverhohlen stolz auf eines der Weltwunder seines Landes.

Wir fragten nach dem spektakulärsten Zimmer und bekamen es. Nummer 21, das frühere Schlafgemach der Maharani, der Frau des Maharaja. Als Yogi, der Hausboy, die Kerzen anzündete und die Fenster hinaus zu den indischen Sternen öffnete, fielen mir drei Wörter aus dem Traktat des *Steppenwolf* ein, die jetzt genau passten. Hermann Hesse schrieb da vom „Schaum des Augenblicksglückes“, der den augenblicklich Glücklichen niederwalzt: Der grandioseste Schlafplatz der

Welt, fünfzehn mal sieben Meter. Ein Zyklopenbett mit Baldachin, zwei mit Kaschmirdecken und Seidenkissen ausgelegte Lümmelecken, kleine weich leuchtende Lichtquellen, ein Sechs-Sterne-Badezimmer mit einem Sechs-Sterne-Badezimmervorraum, die hohe Decke, die Bilder, die Spiegel, der Duft, das unvorstellbare Gedächtnis dieser orientalischen Suite, die während langer Zeit so vieles gesehen haben musste.

Erst in der zweiten Nacht trauten wir uns. Wir lagen oben auf dem Palastdach, noch einmal fünfzehn Meter näher dem Mond, und Celeste las laut aus Kapuscinskis *Imperium* vor, las die mit ätzender Schärfe geschriebenen Seiten, auf denen Stalin seine erste „Säuberung", sein erstes Massaker, arrangierte.

Hinterher kam mir die Idee, dass ich die folgenden Stunden wohl dem ehemaligen Generalsekretär der KPdSU verdankte. Seine Barbareien trieben Celeste und mich zusammen, unser Bedürfnis nach letzter Nähe war durch kein Schuldgefühl mehr aufzuhalten. Wir krochen unter den Baldachin.

Wir hatten Glück, nichts missriet uns, die acht Monate Karenzzeit schienen nicht umsonst. Sex war noch immer die innigste, unbegreiflichste Privatheit, die zwei sich antun konnten. Dazu kam die Freude, noch ein nächstes Geschenk zu entdecken: Celestes erotische Begabung. Kein Funken panamerikanischer Puritanismus in ihr. Wie selbstverständlich gab und nahm sie. Aber ich registrierte ihre Vorsicht und verstand, dass ihr Körper sich inzwischen gerüstet hatte gegen etwaige Missbräuche. Ein, zwei Ängste ankerten zäh in ihrem Unterleib. So schnell begriff ihr Nervensystem nicht, dass ihr neuer Liebhaber die Lust mit ihr teilen, nicht sie plündern und nicht alles allein haben wollte.

In Paris kam die Rechnung. Celeste kehrte zurück zu dem Lusträuber. In meinen niederträchtigsten Momenten begann ich den Verdacht zu hegen, dass sie von dem Fotografen abhängig war. Nicht finanziell, bestimmt nicht. Sexuell erst recht nicht. Wohl auf einer ungreifbaren Gefühlsebene: Strahlte er doch etwas aus, was sie beruhigte. In ihm lauerte keine Gefahr, auf eine befremdliche Weise schien sein Phlegma sie zu beschützen. Er machte nicht Angst. Sogar sein Äußeres verschaffte ihm Pluspunkte. Der kleine Bauch schien ein Gütezeichen für inneren Frieden. Nichts nagte in ihm. Mich nannte sie einmal einen „Krieger". Krieger beschützen nicht, sie führen Krieg.

War sie auch risikoschnell in ihrem Beruf, mit ihrem Innenleben ging sie achtsamer um. Hielt Ausschau nach der „soft option", nach einem aufgeräumten Leben, nach der wahnwitzigen Illusion von Sicherheit und Ewigkeit.

Ich vermute, dass jeder zahlen muss, dass keiner für einen Schmerz, den er in einem anderen auslöst, straflos davonkommt. Irgendwann ist Zahltag, einmal sofort, einmal zehn Jahre später. Bevor ich Celeste zum ersten Mal traf, hatte ich mich von Rosza getrennt. Gescheite Frau, gut aussehend, eine Business woman mit Columbia-Abschluss. Ich mochte sie, aber Liebe kam nie in Frage. Der letzte Abend geriet uns zur Farce. Wieder sollte ich mich zur unvergänglichen, unwiderruflichen Einehe bekennen, inklusive aller totmachenden Ingredienzien. Natürlich Kinder, natürlich Haus, natürlich das komplette Panoptikum bürgerlichen Elends. Wie ein 16-Jähriger in der Hochpubertät lief ich davon.

Jetzt, nur Monate später, war ich an der Reihe: hinnehmen das bittere Bewusstsein der Unentschiedenheit eines anderen, lernen, dass auch andere Männer begehrenswert waren. Wie siegreich ich mich bei Rozsa gefühlt hatte und in welche Taumel von Ausgeliefertsein mich jetzt mein Verlangen nach Celeste riss.

Ich begriff noch immer nicht, was geschah.

Ich war der Krieger. Und ich war „Poponov“. So hieß ein russischer Reporter, der sich vor langer Zeit in Wladiwostok zu Fuß auf den Weg nach Moskau gemacht hatte. Die Geschichte dieses Mannes gefiel mir, ich wollte hartnäckig sein wie er. Ich wollte nicht nach Moskau, ich wollte zu Celeste. Sie schien weiter entfernt als die neuntausend Kilometer zur russischen Hauptstadt. Aber wäre ich tapfer und besessen wie Poponov, ich würde ankommen.

Auf einem Flohmarkt besorgte ich mir drei alte Hosen, ein Hemd, zwei fleckige Pullover, ein fransiges Sakko, zwei verschiedene Turnschuhe und einen langen, intensiv riechenden Schal. Am nächsten Morgen, 5.15 Uhr, schlürfte ich als Penner verkleidet aus dem Haus. Es war jetzt Winter, vier Grad unter Null. Dreitausend Meter waren es bis zu Celestes Wohnung. Fünf Meter links von der Haustür setzte ich mich auf das Trottoir, vermummte bis auf die Augen mein Gesicht und zog einen Pappdeckel hervor, auf dem ich von meinem Schicksal als armer Teufel erzählte. Ich wollte ihr nah sein, und wäre es als abgerissener Obdachloser. Ich wollte ihr beweisen, dass sie mich haben musste.

Es war gemein kalt und die Einwohner von Paris entdeckten ihre Wärme. Weihnachtszeit. Zwei Mädchen brachten Kaffee vorbei, eine bot an, die Samu anzurufen, eine Art Rotes Kreuz, das sich um die Elendsgestalten der Stadt kümmerte. Ich lehnte ab, spielte den verdrehten Outsider, der niemanden in seiner Nähe aushielt. Eine Geschäftsfrau von gegenüber brachte ein Mittagsessen, Fisch mit Reis, ein Alter spendierte einen Sandwich, ein Ehepaar kehrte zurück in die Wohnung und holte eine Strickjacke. Eine Schöne lächelte und zog eine Tafel Schokolade aus ihrer Krokotasche. Nur einer stänkerte und predigte.

Von wegen faul sein und schnorren. Trotzdem, nach der Predigt warf er ein paar Münzen in den Plastikbecher.

Um 11.15 Uhr verließ Celeste das Haus. Sie sah mich nicht einmal, bog nach rechts in die andere Richtung ab. Und sie war nicht allein, neben ihr ging der Fotograf. Ich tastete nach meinem eisigen Hintern und beschloss, dazubleiben und zu warten. Irgendwann würde ich Glück haben.

Minuten später wurde es dramatisch. Aus gänzlich unerwarteter Richtung. Meine Blase drängte plötzlich. So wäre nichts einfacher gewesen, als in ein nächstes Café zu gehen und nach einer Toilette zu fragen. Ich fragte. Erfolglos. Ich sah zu kaputt aus, keiner ließ mich über die Schwelle. So lief ich – nun gejagt von brausender Not – über den Quai de la Tournelle zur Seine hinunter. Da war der Not keine Ende, denn nun stellte sich heraus, dass zwei der drei Flohmarkthosen mit einem stramm vernähten Hosenschlitz ausgerüstet waren. So blieb nichts anderes übrig als im hellsten Dezemberlicht drei bizarr gestückelte Beinkleider abzustreifen und in verschämter Hocke in die Seine zu machen. Dabei redete ich mir ein, dass es nicht viele Liebende in Paris gab, die zu solch lächerlichen Positionen bereit waren, um einer Frau nahe zu sein.

Als Celeste am Nachmittag allein zurückkam, saß ich längst wieder auf dem Bürgersteig. Nun auf der richtigen Seite des Eingangs. Die nächsten Sekunden hatte ich zu oft trainiert, um einen Fehler zu machen: Als sie auf gleicher Höhe war, sprach ich sie an, bettelte mit versteckter Stimme und verstecktem Gesicht um ein „petit cadeau“. Sie hielt, lächelte und kramte in ihrer Handtasche. Und in dem Augenblick, in dem sie das Geld in den Becher legte, drehte ich den mit meiner Elendsstory beschrifteten Karton um und hielt ihr einen Text entgegen, den sie sofort erkennen musste. Hatte sie ihn doch geschrieben, an mich, damals unterm Rajastanhimmel.

Die Szene saß. Wir redeten kein Wort, lieber nicht. Viele in dem Quartier kannten sie, wussten, dass sie mit jemandem zusammenlebte. Aber sie schien gerührt von der Inszenierung. Sie warf das Geld hinein und strich beim Zurückziehen ihrer Hand schnell über meine dreckigen, kaltzitternden Finger.

Ich könnte noch heute nicht erklären, warum ich so nach ihr hungerte. Weil sie nie ganz meinen Hunger stillte? Weil ich jeden Quadratzentimeter ihrer Haut jedesmal neu verführen musste? Weil sie so rar war, wenige Männer so nah hatte kommen lassen? Weil sie wie keine verstand, nach letzten Beweisen zu fragen? Weil sie einen Tag nach meinem Leben als Hungerleider beschloss, mich nicht mehr zu sehen?

Celeste kippte, der Druck auf ihr Gewissen ließ sie davonrennen. Sie schrieb, dass ihre Lügen an den Fotografen und ihre Versuchung nach mir nicht mehr vereinbar wären. Jetzt müsste sie zuerst ihr Herz sondieren um herauszufinden, wohin sie wollte, wohin sie musste. Zudem pflegte sie weiterhin ihr Misstrauen, unter „ps" notierte sie den eigenartigen Satz von Erich Fromm: „Vernarrtsein ist oft das Gegenteil von Liebe."

Unsere Trennung hielt nicht. Weil ich Celeste zurückhaben wollte, auch nicht einsehen konnte, dass ein mäßig begabter Knipser mit einer Frau davonging, die ihn an allen Ecken und Enden überforderte. Er ängstigte nicht, genau das. Und Celeste, selber getrieben von schwarzen Erinnerungen, schien dankbar für seine problemlose Nähe. Die war nicht aufregend, aber sie verwundete nicht, scheuerte nicht an hauchdünn verschlossenen Narben.

Meine Wut stieg, ich packte immer häufiger meinen Zynismus aus, um den Typen und den nun immer lauter werdenden Verdacht zu ertragen, dass ich gegen ihn verlieren würde. Absurd: Von *diesem* Verdacht wusste ich schon. Der andere, der entscheidende, blieb mir verborgen. Noch immer.

Am nächsten Silvesterabend stürmte ich ihre Wohnung. Der Fotograf war wieder auf Reisen, ich kam gerade zurück. Jetzt musste ein Kraftakt her, um ihm Celeste zu rauben. Auch war ich überzeugt, dass sie sich nun in einem Zustand befand, aus dem sie ohne (stürmische) Hilfe von außen nicht mehr herausfinden würde. Zu blockiert schien sie von ihren eigenen Widersprüchen.

Die Eroberung sollte heiter und unter Gelächter stattfinden. So ließ ich eine alte Freundin bei Celeste anrufen, die sich als Telefonfrau aus der Notrufzentrale der Feuerwehr vorstellte. Man hätte einen dringlichen Hinweis aus der Nachbarschaft erhalten, ein Kleinkind befände sich auf dem Dach, direkt oberhalb der Wohnung von Celeste. In einigen Minuten würde ein Feuerwehrmann bei ihr läuten, sie solle umgehend den Zugang zu den Fenstern freimachen und sofort öffnen, wenn es klingelte.

Ich war der Feuerwehrhauptmann. Tagelang hatte ich die nötigen Utensilien zusammengekauft, Helm, Gesichtsschutz, Uniform, Handschuhe, Stiefel, rannte mit einer Leiter über der Schulter die drei Stockwerke hoch, mitten hinein in die weit geöffnete Wohnungstür. Aber die Wohnungsbesitzerin nahm den Kindsretter nicht ernst. Als ich französisch näselnd nach dem Küchenfenster fragte, hüpfte Celeste bereits von einem Bein auf das andere, vor Freude über meine Idee und die Tatsache, dass sie das Manöver längst durchschaut hatte. Aber sie hatte mich gewähren lassen, weil sie wieder Sehnsucht verspürte nach romantischem Hokuspokus und weil sie begriff, dass eine Entscheidung ausstand, zu der sie kein Grübeln und Sinnen führen würde.

Die nächsten zwei Wochen wurden unsere besten Tage und Nächte. Die andere Hälfte ihres Bettes hielt ich jetzt besetzt. Und ich war intelligent genug, den Fotografen vergessen zu machen und Celeste zur fröhlichen Hingabe zu bewegen. Wenn ich bedenke, wie linkisch er ihrem Körper begegnete, dann konnte alles nur lustiger, nur lustvoller werden. Jedes unserer Kommunikationsmittel – die Blicke, die Sprache, die so neugierigen Leiber – lief zur Hochform auf. Irgendwann, ich glaube, es war frühmorgens nach der fünften Nacht, begann Celeste zu straucheln und sagte den unheimlichen Satz: „Ich liebe dich“. Als sie ihn in den nächsten Tagen wiederholte, im schlichtesten Tonfall der Welt bestätigte, was so umwerfend überraschend klang aus ihrem Mund, war ich überzeugt, dass ich gewonnen hatte.

Es war das letzte Mal, dass ich mich täuschte.

Die sonderbarsten Dinge passierten nun. Nicht umgehend, aber Schritt für Schritt. Wie ein bedächtig wirkendes Gift krochen diese drei Worte in mein Unterbewusstes. Schon sensationell. Nachdem ich das Ergreifendste gehört hatte, was ein Mensch hören kann, fing ich an abzusteigen. In den kommenden Monaten verschwanden mein Appetit, meine Libido, meine Freude am Leben, der Drang zu schreiben. Ich welkte, an allen Fronten.

Während einer Konversationsstunde mit meiner Spanischlehrerin verstummte ich mittendrin, so heimgesucht von dem Gedanken, dass meine Angst vor der Liebe größer war als mein Verlangen nach ihr. Zwanzig Minuten lang schaffte ich kein Wort, in keiner Sprache. Dann erinnerte ich mich, noch immer still, noch immer sprachlos, an einen Satz Petrarcas, den ich seit langem kannte: „Liebe reitet auf dem Pferd des Todes.“ Damals, als ich das zum ersten Mal las, gefiel mir die Schönheit der Metapher, jetzt – idiotenstumm neben der ratlosen Señora Gonzales – hatte ich ihn begriffen.

Die Erinnerungen überschlugen sich, ich wusste plötzlich, dass ich drei Mal in meinem Leben durch zähe Todesängste gegangen war. Einmal, als ich während einer LSD-Ekstase auf dem Horrortrip landete. Einmal während einer Zen-Meditation in einem japanischen Kloster. Einmal jetzt, wo ich auf dieses radikal erkämpfte Ziel, die Liebe dieser Frau, zuging und dabei fürchtete, von den beiden, der Liebe und der Frau, vernichtet zu werden. In Momenten äußerster Hingabe schleuderte ich vom Pferd, erwies mich als zu feig für die Zumutungen intimster, so fürchterlich naher Gefühle.

Es verging keine Nacht mehr, in der ich nicht mehrmals schweißgebadet aufwachte. Jeden Morgen musste ich mich treten, fehlte doch die Energie, um einen ganzen Tag auszuhalten. Ich sagte Aufträge ab, brauchte alle restliche Kraft, um die dringendsten Handgriffe zu bewerkstelligen. Mehrmals fehlten auch dafür die Reserven. Ich beobachtete mich, wie ich regungslos auf mein Leben stierte und es nicht mehr leben wollte.

Mit letzter Disziplin und hundert Notlügen versuchte ich, meine Abstürze vor Celeste zu verbergen. Augenblicke bestialischer Demütigung harrten meiner, als ich jetzt neben ihrem schwindelerregenden Schoß lag und nicht mehr fähig war, ihn mit allen mir sonst so selbstverständlich zur Verfügung stehenden Körperteilen zu lieben. Einmal war genügend Courage vorhanden und ich schrieb es hin, das grausige Wort: *Impotenz*. Die Aussicht auf Liebe machte mich, wie unübersehbar, impotent, kraftlos, kaputt. Jetzt hatte ich begriffen. jetzt begann der nächste Abstieg.

Ich begann eine „high power protein"-Diät. Nach ein paar Wochen war klar: Hätte ich Gras gefressen, das Ergebnis wäre nicht schlechter ausgefallen. Von Power und High nicht die Spur. Andere Geschütze mussten her. In den Gelben Seiten fand ich den Urologen und „Männerarzt“ Patrick D. Fünf Tage ließ ich die Telefonnummer liegen, pure Hemmung, dann rief ich an. Ich drängte, achtundvierzig Stunden später saß ich mit heruntergelassener Hose vor ihm. Ein gründlicher Mensch. In den verschiedensten Körperhaltungen musste ich die einfachsten Laute von mir geben. Der Meister starrte in meinen Hintern, befingerte ausführlich meine Hoden, tastete wie ein Panzerknacker sacht und lautlos über meine fünf Quadratmeter Haut. Wohl auf der Suche nach einer dubiosen Stelle, die Aufschluss geben könnte über die Fehlerquelle. Zuletzt wurde Blut abgezapft, nachmittags brachte ich meinen Urin und Stuhl vorbei.

D. überwies mich an den Kollegen Etienne H., der einen „Doppler-Test“ durchführen sollte. Um ganz sicher zu sein. Auch der Kollege war ein umsichtiger Herr, der mit einem Gel meinen Penis einrieb, sodann mit einer Art Bügeleisen über das Gel fuhr und gleichzeitig auf den Bildschirm eines Computers die Innereien meines jetzt speckig glänzenden Geschlechtsteils inspizierte. Erfolglos, denn die Arterien waren weit offen, nichts hinderte das Blut, in die Schwellkörper zu rauschen. Warum es nicht rauschte, musste andere Gründe haben.

Ein deprimierendes Ergebnis: Mir fehlte nichts, ich hatte ein völlig normales Geschlecht, absolut nichts, was Aufsehen erregen könnte. Auch die Ergebnisse aus dem Labor verrieten keine Unregelmäßigkeit, auch die Menge vorhandenen Testosterons war in Ordnung. Ich schien unheilbar gesund. Als Häufchen Elend trabte ich davon.

Männerarzt D. ließ nichts aus. Beim nächsten Besuch redete er fünf Minuten beruhigend auf mich ein, denn sein Vorschlag verbreitete umgehend Schrecken. Ich nickte schließlich und der Meister applizierte eine Spritze direkt in den Penis. Das

Präparat sollte die innere Spannung lösen und auf chemische Weise eine Erektion provozieren. Ich schaute hin und konnte nicht fassen, was ich sah: Eine spitze Nadel mitten im empfindsamsten Teil meines Körpers. Der Schmerz war nichts im Vergleich zu der Ungeheuerlichkeit, dass derlei Dinge menschenmöglich waren.

Aber das furchtbare Werkzeug wirkte. Erregt verließ ich die Praxis, in meinem Gepäck noch einen seltsamen Apparat, einen, so könnte man sagen, erotischen Fahrtenschreiber: Eher unscheinbar, nicht größer als ein Walkman, bestückt mit Kabeln und Elektroden.

Wie angekündigt, klang nach eineinhalb Stunden die Erektion ab. Nachts klebte ich die Drähte an mein Glied und schaltete den schwarzen Kasten ein. Er registrierte nun, während ich schlief, die nächtlichen, dem Schläfer völlig unbewussten Erektionen. Ob überhaupt und wenn ja, wie lang, wie fest, wie oft. So verkabelt lag ich drei Nächte.

Die Auswertung brachte keine Überraschung. Solide, saubere Werte, nichts Auffälliges. Somit waren Rückschlüsse auf ein physisches Gebrechen nicht möglich. Ein zweites Mal jagte der Sexologe eine Nadel in meinen Penis. Er behauptete, dass die spontan den Spritzen folgenden Erektionen mein Selbstvertrauen wieder herstellen würden, ich also bald – ohne chemische Nachhilfe – wieder Inhaber einer zuverlässigen Sexualität wäre.

Diesmal nutzte ich die Erregung und suchte umgehend nach einer Frau, die bereit war, mir (gegen einen Unkostenbeitrag) ihren Leib zur Verfügung zu stellen. Ich hatte knapp zwei Stunden Zeit. Unverzichtbar schien mir für das Testverfahren strikte Anonymität. Blamierte ich mich, dann eben vor jemandem, der mich nicht kannte und mich kein zweites Mal sehen würde. Der Gedanke an Celeste störte mich nicht, nicht wirklich. Ich unternahm das alles ja auch, um sie nicht zu verlieren. Ich hatte ein Problem und dieses Problem bestand auf einer radikalen Lösung.

Laetitia war höflich und professionell. Sie nahm mich hinauf in ihr Puffzimmer und ließ mich für zwanzig Minuten ihr Liebhaber sein. Die reichten um zu wissen, dass ich noch immer imstande war, eine Frau zu beschlafen. Wenn auch mit Hilfe teurer und schmerzhaft verabreichter Zusatzmittel. Dennoch, dieses kleine Wunder schenkte mir ein heftiges Glücksgefühl. Ich Narr glaubte mich schon kuriert.

Neue Herausforderungen warteten. Jetzt musste ich lernen, mir selbst eine Ladung „Icavex 10 MG" ins müde Glied zu injizieren. Ich konnte doch nicht vor jedem Geschlechtsverkehr beim Onkel Doktor vorbeirennen, um mich dopen zu lassen.

Das waren Augenblicke intensivster Not. Es begann schon in der Apotheke beim Herzeigen des Rezepts. Am peinsamsten, wenn eine Frau das Papier entgegennahm. Ein Blick genügte und sie wusste Bescheid: Ein lahmer Sack brauchte ein Mittelchen, um *ihn* hochzustemmen. Augenblicke, die mich an meine Kindheit erinnerten, an den Wunsch, in unerträglichen Situationen mit Hilfe einer Tarnkappe zu verschwinden. Aber es gab keine Tarnkappe. Auch jetzt nicht. Nur die folternde Wirklichkeit. Und das Wissen, dass ich das alles aushalten musste, wenn ich irgendwann geheilt davonkommen wollte.

Bald traf der nächste Adrenalinschub ein. Weil Celeste im Schlafzimmer auf dem Bett lag, und ich heimlich wie ein Junkie die Nadel und die Einstichstelle mit einem alkoholgetränkten Wattebausch hinter verschlossener Badetür desinfizierte, dann das Icavex aus dem Flakon in die Spritze absaugte und – schier unvorstellbar – hineinstach und abdrückte.

Das Ergebnis war ein Desaster. Jeder Schuss in einer Frankfurter Bahnhofstoilette verströmte wohligere Zustände als mein erster Eigenversuch. Eine kurze, schon nach Minuten verwitternde Erektion kam zum Vorschein. Begleitet von Kopfweh, Hitzewellen und einer gehörigen Depression. Wieder musste ich mich davonreden, wieder dieser schönen, zu allen sinnlichen Tagträumen bereiten Frau eine von hundert Lügen verseuchte Geschichte einreden. Sie liebte mich wahrhaftig, sie tat, als glaubte sie alles.

Der Doktor versuchte mich zu beruhigen. Die unguten Folgen hätten nichts mit meiner linkischen Begabung im Umgang mit Nadeln zu tun. Der innere und äußere Stress, die Erwartungshaltung, die Furcht, kein vorzeigbares Resultat zu produzieren, all das wäre zu belastend geworden. Was jede Lustentwicklung – selbst wenn hochwissenschaftlich unterstützt – verhindere.

Der Mann hatte Recht. Ich erwartete zu dringlich. Denn auch die folgenden Injektionen, nun talentierter vorgenommen, führten kein einziges Mal zu einem kerzengeraden, randvoll mit Blut geladenen Penis erectus.

Ich spürte, dass ich so nicht vom Fleck kam. Eine Angst erstickte die andere. Kein Männerglied der Welt will sich unter solchen Umständen erheben. Arztrechnungen en masse, Apothekerrechnungen en masse, Spritzen en masse, Erektionen en detail, nein, Zero. Von einer strahlenden Libido schien ich Milchstrassen entfernt.

Ich suchte woanders. Sicher saß die Blockade in meiner Seele. Auf meinem langen Marsch durch ein halbes Dutzend Sprechzimmer begegnete ich auch Samuel S., Hypnotiseur von Beruf. Er wollte mich potent hypnotisieren, mir wieder ein kraftstrotzendes Glied zaubern. Ein seriöser Zauberer, denn er verwies auf die lange, kostspielige Prozedur einer Therapie. Wo nahm der Mann die Nerven her? Ich winkte ab. Ich brauchte ein Mirakel und keine langfristigen Projekte.

Ich traf zwei Psychologen, die sich die rührige Mühe aufhalsten, nach meinen frühesten Alpträumen zu fahnden. Ich verließ sie, wollte nichts wissen von den Anfängen meines Lebens und seinen ersten Katastrophen. Ich brauchte keine hirnlastigen Erklärungen, ich wollte meinen Schwanz wiederhaben, wollte wieder Mann sein und glorreicher Liebhaber, wollte die Frau lieben, die endlich angefangen hatte, sich nach mir zu sehnen.

Ich suchte. Suchte solange, bis ich Dr. Edouard A. fand, Sexologe und Psychotherapeut. Ein halbes Genie, hieß es, ohne Schonung für die Schmerzgrenzen seiner Patienten. Wie wahr. Er stocherte nicht in meiner Kindheit, fragte mit keinem Wort nach Vater und Mutter, überflog nur die mitgebrachten Befunde und hörte konzentriert hin, als ich ihm von Celeste und mir erzählte. Dann holte er seinen Rechnungsblock hervor und schrieb einen rasanten Betrag auf. „Ich kann leider nicht viel tun für Sie“, sagte er nonchalant und begleitete mich zur Tür, „Ihnen fehlt nichts.“ Doktor A. schien solche Auftritte zu genießen. Als er mein gehörig erstauntes Gesicht sah, fügte er noch hinzu: „Ach ja, trennen Sie sich von dieser Frau. Sie taugen nicht für diese Art Liebe.“

Nein, ich war nicht überrascht, nicht mehr. Und, wenn ich mutig in mich hineinhörte, sogar erleichtert. Wie Recht hatte der Alte. Er sprach nur deutlich aus, was mir eine innere Stimme schon seit geraumer Zeit zuflüsterte: Celeste war die bereicherndste Frau, der ich je über den Weg gelaufen bin. Und gerade sie ruinierte auf unaufhaltsame Weise mein Leben. Weil ich bei jeder ihrer Zauderlichkeiten im Fegefeuer nervenschindender Selbstzweifel schmorte. Weil mich der Gedanke peinigte, dass sie mich eines Tages verlassen würde und von mir nichts bliebe als ein nasser, einsamer Furz. Für die verheerenden Wohltaten und Nebenwirkungen der Liebe war ich zu schwach. Ich schrumpfte, wortwörtlich, in ihrer Nähe.

Ich suchte nicht weiter nach den Triebfedern meiner Ängste, erinnerte mich rechtzeitig an einen Satz von Gottfried Benn, dass „der zugrunde geht, der zu den Gründen geht". Ich war nun überzeugt, dass es überhaupt keine Rolle spielte zu wissen, warum mich die Nähe zu Celeste in solch todesangstnahe Strudel riss. Ob eine danebengegangene Jugend?, ob eine ausstehende Rechnung des Karmas? – wie belanglos. Wüsste ich es, wer könnte sie begleichen? Aber ich wusste, dass ich so nicht existieren wollte. Dass ich stark sein wollte und strahlen und frei. Nicht hilflos, nicht verdämmernd, nicht verfügbar.

Ein letztes Mal saßen wir in einem Flugzeug. Und ich verließ sie, irgendwo über dem Atlantik. Kein Ort schien mir sicherer für eine solche Zeremonie. Ich übernahm diesen Part, spielte den Verlasser, den Bösen. Weil Celeste noch immer auf ein unbeschreibliches Wunder hoffte. Ich solle auf sie warten, sagte sie. Mein Kopf hätte das vielleicht geschafft, nicht mein Leib. Der Gedanke an meine Impotenz und die Sehnsucht, wieder ein Mann zu sein, sie waren drängender als alles andere. Ich erkannte, dass ich für die großen Projekte in diesem Leben nicht gerüstet war. Ewige Liebe und andere Ewigkeiten ließen mich ganz offensichtlich verkümmern. So war das Fairste, was ich Celeste noch bieten konnte, eine radikale Trennung. Am Flughafen in Paris teilten wir uns noch das Taxi. Auf meinem Fahrrad (von ihr zu mir) saß ich schon allein. Alles war schlagartig zu Ende, das Bettgeflüster, die Ritterspiele, die Berührungen.

Die Zukunft wurde so anders als befürchtet. Diese kaputt gegangene Liebesgeschichte zeitigte bald die wunderbarsten Folgen. Keine mürrische Einsamkeit, kein nagendes Gefühl des Scheiterns, keine weiteren Verlustmeldungen meines Geschlechts warteten auf mich. Jetzt, weit weg von der Gefahr zu versagen, fing ich von neuem an zu blühen. „Und sein Busen sprang auf vor Freude“, so hatte mein Griechischlehrer einmal eine Stelle aus der *Ilias* übersetzt. Ich hatte mir diesen Satz aufgeschrieben, schon vor langer Zeit hoffend, dass er eines Tages zu mir passen würde. Jetzt passte er. Ich akzeptierte, dass ich verloren hatte und dass ein anderes Schicksal auf mich wartete als das eines großen Liebenden. Ein nachsichtigeres, amüsanteres, eines, das Platz ließ für mehrere Träume.

Wochen später traf ich wieder eine Frau. Das Gegenteil von Celeste. Schon wohl gestaltet, schon gescheit. Aber eher leichtsinnig, immer im Augenblick, uns nie mit Zukunft und Ausschließlichkeit belastend. So kam alles zurück zu mir, mein Hunger, meine Freude, meine eigene Leichtsinnigkeit. Und die Fähigkeit, ein Mann zu sein. Amre war Algerierin mit französischem Pass. Sie fand alles schön an mir und bat nie, es für immer haben zu wollen. Nur ein Mann, der in vielen Nächten den hundsföttischen Schmerz erotischer Leblosigkeit erfahren hat, kann die Dankbarkeit einer Frau gegenüber ahnen, die ihm auf schwerelose Art alles das Seine zurückgab. Amre war weise. Meine dunklen Schatten übersprang sie. Sie nahm nur das Beste, was ich zu bieten hatte: meine Liebe zum Leben.

Der Clou

Von Anfang an scheint mein Leben entstellt. Von Geldnot. Nicht aus Trägheit oder Verschwendungssucht. Eher aus Unbegabung, mit diesem Phänomen umzugehen. Auch diese Reise nach Korsika wäre nicht möglich gewesen ohne das Vertrauen der Freunde. Sie strecken vor, ich zahle zurück. Wie üblich.

Überraschend: Sobald ich auf Pump lebe, werde ich einfallsreich. Entdecke irgendwo liegen gebliebene Scheine, finde ein längst vergessenes Sparbuch, bekomme das Herz frei, um mich von Dingen zu trennen, die mir bisher unverkäuflich schienen. Reaktiviere – wenn Glück und Zufall nicht mehr aushelfen – ein gewisses Talent für kriminelle Delikte.

Die Ferientage auf Korsika nähern sich ihrem Ende. Gold und Edelstein habe ich nicht gefunden, aber die Schönheit der Welt. Alles sehr friedlich, nur Ratten und Polizisten störten, denn beide trieben mich aus verborgenen Ecken. Die einen hatten Hunger, die anderen ihre Vorschriften: Wildes Campen und Nacktbaden schienen strikt verboten. Einmal wurde ich ermahnt, einmal musste ich zahlen. Bußgeld wegen Nacktheit.

Nun stimuliert gerade dieser Vorgang – das Aushändigen von Geld an einen Ordnungshüter – enorm. Ja, treibt die Phantasie an, macht die Entscheidung unwiderruflich, diese Insel nicht ohne ungesetzliche Bereicherung zu verlassen. War ich vorher noch moralisch verunsichert, so fühlte ich mich nach dem Verlust der Scheine eher schuldlos und beschwingt. Eine betrügerische Handlung wird nun stattfinden. Ich brüte eine Woche, dann liegt alles in meinem Hirn bereit.

10.10 Uhr, Donnerstagmorgen. Ich checke aus, mein Gepäck bleibt im Hotel in Solenzara, ich will es später abholen. Nach einer knappen Stunde erreiche ich Porto Vecchio. Ich habe diese Stadt schon vor Tagen inspiziert und halte sie für den passenden Schauplatz. In der Rue Bongo, einer ruhigen Seitenstrasse, parke ich den R4. (Auch gepumpt.) Das Schloss der Beifahrertür habe ich gestern präpariert, es lässt sich nun nicht mehr abschließen, macht den Eindruck als sei es gewaltsam geöffnet worden. Das alles muss so sein, denn ich habe beschlossen, den Renault ausrauben zu lassen. Ist das geschehen, werde ich aufgrund einer schon vor Wochen unterschriebenen Reisegepäckversicherung zur Kasse bitten. So wäre das entscheidende Papier ein Protokoll der Polizei. Deshalb bin ich jetzt hier. Um etwas zu inszenieren, was nie stattgefunden hat: einen Diebstahl.

11.15 Uhr, ich verriegle die Fahrertür und mache mich auf den Weg. Offiziell bin ich im Augenblick ein harmloser Tourist, der sich Unterlagen über Stadt und Hinterland besorgt. Das Verkehrsbüro liegt in der Rue Jean Jaurès, ich benehme mich unauffällig, erhalte ein halbes Pfund Informationen, schlendere zurück zum Wagen. Sobald ich eingestiegen bin, bemerke ich die „Tat“: Die braune Reisetasche und der große schwarze Lederkoffer – durch Hochklappen der Rückenlehne erreicht man den Kofferraum – sind verschwunden. Die Vorstellung beginnt: Verstört und aufgeregt steige ich wieder aus und umkreise das Auto, entdecke die aufgebrochene Tür, Empörung, eine leichte Hitze im Gesicht, ein paar halblaute Flüche, aggressiv wütender Blick. Nächster Schritt: Hastiges Zugehen auf Passanten, Rückfragen, ob verdächtige Personen beobachtet wurden, wer hat wen in unmittelbarer Nähe meines Autos gesehen? Rien. Ich rede deutsch, englisch, Körpersprache und zwanzig Worte französisch. Meine Hilflosigkeit wirkt vertrauenswürdig. Freundlich nehmen die Korsen Anteil an meinem Schicksal, inspizieren das kaputte Schloss, fluchen gemeinsam mit mir über dieses habgierige Gesindel.

„Allez au commissariat de police, Monsieur." Den Dicken, der mir diesen Vorschlag so leutselig unterbreitet, hätte ich beinahe ausgelacht. Na klar, was sonst, auf zur Polizei.

11.55 Uhr, die Gendarmerie belegt eine noble Villa, feiner Kiesweg, einige Herren dösen in der Mittagshitze. Mein Auftritt stimmt sie wehleidig, sie sind tranig und argwöhnisch. Ein Gepäckdiebstahl in der Rue Borgo? Am hellichten Tag? Très bizarre. Und ein Protokoll? Für was? Man würde ja sowieso nichts wiederfinden, also wozu? Außerdem sei jetzt Zeit zum Mittagessen. Heilige Zeit! Wenn es denn unbedingt sein müsse, könne ich ja später nochmals vorbeischauen. So um 14 Uhr, der Chef sei dann auch da. Und einen Dolmetscher solle ich gleich mitbringen, niemand spräche hier englisch. Leider.

Die Sache stinkt. Hier wirtschaften ein paar widerborstige Faultiere, die mich als Unruhestifter betrachten. Kein Schimmer Mitgefühl, eher so ein gleichgültig ironischer Unterton. Ahnen die was? Sind solche Manöver, die ich hier veranstalte, an der Tagesordnung? Und der Chef? Wozu brauchen sie einen Chef, um ein Stück Papier voll zu schreiben? Ich weiß es nicht, ich weiß nur, dass es mir nicht gefällt.

Der Dolmetscher ist natürlich eine Schikane. Mit ein wenig gutem Willen hätten unsere gemeinsamen Wörter ausgereicht. Nein, ein Experte muss her. Wo lebt so ein Mensch? Was kostet der? Ich frage mich, ob ich nicht besser gescheitert und pleite nach Deutschland zurückkehre als ein Ding zu drehen, über das ich die Übersicht zu verlieren drohe. Ich fahre hinunter ans Meer, muss überlegen, immerhin habe ich zwei Stunden Bedenkzeit.

Das weite Wasser verschafft Klarheit. Ich werde einsichtig und begreife, dass ich keine Wahl habe. Ich brauche das Geld, basta. Und zwar rasch und elegant. Reinhauen und ausrauben ist nicht mein Stil, an den misslaunigen Schlafmützen komme ich folglich nicht vorbei. Die Frage ist nur: Wie verführe ich sie zur Herausgabe eines fehlerlosen, einige tausend Mark wertvollen Protokolls?

Während ich diesen letzten Satz – „wie verführe ich sie ..." – in meinem Kopf zu Ende formuliere, vernehme ich einen lässigen Männerpfiff. Ich sehe einen Halbwüchsigen, der einem attraktiven Mädchen hinterherpfeift. Dieser Vorgang fährt wie ein Blitz in meine Großhirnrinde. Das ist es, das ist die Antwort: Das ewig gleiche Spiel zwischen Mann und Frau. Die Frau verwirrt, erregt, *verführt.* Nun verstehe ich auch, warum diese Mehlsäcke so larmoyant auf mich reagierten. Ich war ja nur Mann, wie langweilig, wie ermüdend. Kein Mensch, der ihr graues Leben bereichert und bunt färbt.

Ich springe auf und fahre zurück in die Stadt. Der Plan steht: Den kostspieligen Übersetzer – noch ein Mann, noch frustrierender – vergessen und nach einer Frau fahnden, die schön ist und hilfsbereit und über ausführliche Französischkenntnisse verfügt. Mit diesem Engel werde ich aufkreuzen, und mit ihm werde ich gewinnen.

Doch die Fahndung birgt Mühe, der Steckbrief ist anspruchsvoll. Formschön, heiter und zweisprachig soll der Mensch sein. Ich muss mich anstrengen. Dazu kommt, dass ich unter Zeitdruck gerate. Die meisten Frauen, die ich anspreche, haben alles. Nur keine Ahnung von deutscher Sprache. Manche sind abweisend, interpretieren mein Gesuch als gerissene Anmache. Andere hören das Wort „Police" und lassen mich stehen.

Bis ich Glück habe, zweifach Glück. Die beiden Freundinnen Sandra und Lissy hören ergriffen von meinem Verhängnis und sagen spontan zu, auf Deutsch. Zwei frische Mädels aus Zürich, die fließend französisch sprudeln. Blond und brasilienbraun, ein Traumpaar. Wie zwei Königinnen chauffiere ich sie zur Nobelvilla.

14.07 Uhr, und alles ist anders. Aus sechs Mehlsäcken werden ein halbes Dutzend toupierter Gockel, die um die Wette balzen. Kaffee wird gekocht, Zigaretten gereicht, kühle Drinks geboten. Der Chef, der Obergockel, muss jemanden zum Kuchenkaufen abkommandieren, keine Freiwilligen. Die Faultiere sprühen, ihre Haut beginnt zu schimmern, ihre stillgelegten Herzen springen wieder an. Und die Mädchen machen mit. Gewitzt und großzügig lassen sie sich bedienen, schäkern, flirten, lachen, wissen wie alle schönen Geschöpfe, wie nachdrücklich sie imponieren.

Wir spielen eine Kriminalgroteske, in der ich – wie erhofft – die Rolle des Souffleurs übernehme. Bescheiden zerknittert sitze ich etwas abseits und liefere die Stichwörter, die – französisch übersetzt – mittels Schreibmaschine auf dem inständig verlangten Blatt Papier landen. Doch das dauert. Kaum erwähne ich eine (angeblich) geklaute Yashica 124G-Kamera, schon weiß einer der Herren ein angeblich fürchterlich aufregendes Abenteuer zu erzählen, in dem durchaus nebensächlich ein Fotoapparat vorkommt. Dann wildes Gelächter, Geschirrklappern, die dritte Tasse Kaffee. Als ich Trainingsanzug und Walkman zum Verlust anmelde, handeln die nächsten Geschichten von Trainingsanzügen und Walkmen.

So verstreichen mehrmals zehn Minuten, in denen ich nicht auftrete. Doch ich bleibe diszipliniert verdrießlich. Nur ab und zu ein gequältes Lächeln, mit dem ich kleinlaut bitte, doch fortzufahren mit der Protokollaufnahme. Besäße ich doch nichts mehr und müsse folglich so schnell wie möglich nach Hause. Das leuchtet ein, die Geschichten werden kürzer, die Liste mit dem „Diebesgut“ immer länger. Eineinhalb Stunden später übergibt mir Monsieur le Chef freudestrahlend die *déclaration de perte*. Das ist mit Abstand der schwierigste Augenblick. Meine Knie schwimmen, ich würge. Mich überkommt eine so teuflische Lust auf einem Veitstanz inmitten dieser liebenswürdigen Schafsköpfe, dass ich nur unter Aufbietung letzter Reserven Benehmen und Reserviertheit bewahre.

Die Mädchen nehme ich gleich wieder mit. In mir nicht das leiseste Gefühl, etwas Schändliches getan zu haben. Im Gegenteil, neunzig Minuten lang kamen Wohlgeruch, Schönheit und Lebenslust in diesen Bürokratenstall.

Wir fahren hinein in die Stadt, ich lade zum großen Eisschlecken. Kleine Dankbarkeit für den souveränen Auftritt. Aber ich halte den Mund, nur jetzt kein protziges Geschwätz. Auch für die beiden bleibe ich das arme, geplünderte Schwein. Der Abschied fällt nicht leicht, die beiden machen Freude. Aber ich muss weg, schon allein, um keinen Argwohn im Commissariat zu erregen. Zudem drängen Termine, das Geld soll her.

Das funktioniert. Ohne Einspruch von Seiten der Versicherung wird meine Lügengeschichte als Tatsachenbericht akzeptiert. Die offiziell beglaubigte Verlustmeldung wiegt schwer, sie blechen.

Ein Nachwort: Jahre liegt der Vorfall nun zurück, der Verrechnungsscheck ist längst verrechnet. Etwas jedoch bewegt mich noch immer. Jener Moment, als ich am Meer saß und plötzlich den Pfiff dieses Burschen hörte. Sinnliches Signal der Verführung. Und Erleuchtung. Schade, dass ich nichts weiß von dem Pfeifer. Einen Teil der Beute hätte er verdient.

Der Dieb – Eine Liebesgeschichte

Klauen ist sexy. Der Kitzel, natürlich. Den das Bürgerliche Gesetzbuch verbietet. Dem Bürger ist der Kitzel verdächtig, er will ihn abschaffen. Ein schwieriges Unternehmen. Billy Wilder erkannte das Dilemma. Als er durch seine Filmkamera schaute, stellte er fest: „Tugend ist nicht fotogen, das ist eine Grundregel. Bösewichte interessieren jeden, Volksschullehrer-Fräuleins keinen."

Ich habe es immerhin zu einem Dieb gebracht. Nach gewissenhafter Prüfung – über jeden Raubzug wurde Buch geführt – bin ich auf die Summe von 153.906 Euro gekommen. In dieser Größenordnung liegt der von mir zu verantwortende Schaden, den ich verschiedenen Mitmenschen auf verschiedenen Kontinenten zugefügt habe.

Ein eher bescheidener Betrag. Die Summen großer Fische sehen anders aus. Deshalb rechne ich fest damit, dass die Opfer mir vergeben. Damit ihnen die Nachsicht leichter fällt, sollten sie wissen, dass ich für alles hart bestraft wurde. Nicht vom Bürgerlichen Gesetzbuch, sondern von ganz anderen, viel unheimlicheren Kräften. Der Reihe nach.

Noch etwas, um Missverständnissen aus dem Weg zu gehen: Gewalt ist nicht sexy, sie macht mir Angst. Nie habe ich sie bei meinen Eskapaden angewendet. Ich wüsste auch nicht wie. Ich bin ein eher schwacher Mensch, dessen Lieblingsheld Till Eulenspiegel ist. Ein Listiger will ich sein, das schon.

Dass ich meine Beute mit niemandem teilte, unterschied mich von Till. Das Robin-Hood-Syndrom schlug bei mir nicht an. Ich nahm den Reichen (wem sonst?) und behielt alles für mich. Ich war ein habsüchtiger Dieb. Ohne höhere Moral, ohne ideologischen Auftrag, nur getrieben von der eigenen

Not. War die Not endlich vorbei, trieb mich die Sucht nach dem Kick und – so sollte sich nach gewisser Zeit herausstellen – die Gier nach jenem Gut, das ich hemmungsloser begehrte als alles andere.

Das Seltsame daran: Es ließ sich nicht essen, nicht anziehen, nimmer als Altervorsorge einsetzen. Nach nur einmaliger Benutzung fiel der materielle Wert dieses Guts beträchtlich. Manchmal sah ich arme Teufel damit auf dem Flohmarkt hausieren. Für fünfzig Cent das Stück schlugen sie ab, was einmal vierzig, fünfzig Mal mehr gekostet hatte.

Das mag ein Außenstehender, einer, der nichts weiß von dieser Gier, nicht begreifen. Was ich über Jahre – manchmal wöchentlich, manchmal täglich – unter ständiger Gefahr der Entdeckung nach Hause schleppte, machte mich nicht gesünder, nicht schöner, nicht wohlhabender. Dennoch wurde aus der jedesmal kiloschweren Last der einzige Gegenstand in meinem Leben, den ich hortete. Ich hasse Sammeln. Aber hier war ich hilflos. Was ich zuerst unbewusst ahnte, wurde bald zur schrecklichen und gleichzeitig beruhigenden Gewissheit: Solange ich der Sucht nachgab, fühlte ich mich beschützt. Denn dieses Fieber – nicht so sehr das Stehlen, mehr das Genießen der heißen Ware – beschützte mich, genauer, rettete mein Leben.

Der Sucht ging eine Lehrzeit voraus. Ich lernte das Klauen von der Pike auf. Banal fing es an. Ich wuchs in einem sparsamen Milieu auf, die Mahlzeiten waren schlicht und bisweilen schlicht ungenießbar. Zwischen den Essensausgaben war die Speisekammer verriegelt. Nicht umsonst nannten mich diejenigen, die mich in der Turnhose sahen, den „Rachitiker". Mein Brustbein lag wie eine Delle zwischen den Rippen, hässlich verkümmert durch einen konstanten Vitaminmangel. Um mich zu heilen, durchstöberte ich meine Umgebung. Im Speicher des geizigen Hausbesitzers und Erziehungsberechtigten fand ich einen Sack Briefmarken. Einen prallen Zentner voll gestempelter und ungestempelter Marken.

So lernte ich als Dreizehnjähriger das Wort *Mundraub* kennen: „Diebstahl von Lebensmitteln zum sofortigen Verbrauch.“ Nicht, dass ich die Briefmarken verschlungen hätte, so verhungert war ich noch nicht. Nein, ich schlug sie pfundweise ab. Papier gegen Papiergeld. Ich war umgehend davon überzeugt, dass die Heilung meines Brustbeins dringlicher war als die Narretei eines Sammlers von viereckig winzigen „Wertzeichen“. So verließ ich – nachts – nach jedem Deal das Haus des Geizkragens, um dreihundert Meter weiter in eine Wirtschaft einzukehren. In der Kneipe spendierte ich mir eine kalte Wurstplatte und drei Cola. Zufrieden, ja, froh kehrte ich zurück. Wieder über die Dachluke, wieder heimlich. Es herrschte Ausgangssperre. Der Geizling überwachte alles, auch die Freiheit der Bewegung.

So ging es monatelang. Was ich dem Sack entnahm, füllte ich mit geknäulten Zeitungen wieder nach. Einen Teil meines Einkommens investierte ich in eine schicke Torwart-Ausrüstung. Dem Verkäufer fielen meine spitzen Knie auf und so empfahl er überlange, extra stark gefütterte Beinschützer. Ganz offensichtlich, auch meine Knie hungerten.

Ich entdeckte den Thrill. Neben der Angst, die mich immer in den Dachboden hinauf begleitete, registrierte ich eine – wie trefflich passt das Wort – diebische Freude. Eine komplizierte Sensation durchzuckte den Körper: Der Stolz über die überwundene Angst und das Wissen um meinen Mut, der bereit war, für alle Folgen einzustehen. Lag die Angst zehn Minuten später hinter mir und lag eine Stunde danach das Bargeld auf meiner rechten Handfläche, breitete sich dieses Glücksgefühl aus. Verdammt schönes Glück.

Natürlich war ich eines Tages fällig. Wie jeder Täter machte ich irgendwann einen Fehler, lagerte die zum Verkauf bestimmte Marken in meinem Nachtkästchen. Unverschlossen. Und einer entdeckte sie. Mein Flehen ließ den Jüngling kalt, pflichtgemäß meldete er den Fund.

Die anschließenden Prügel und „Strafarbeiten" – beides täglich und wochenlang – änderten nichts. Nicht meine Lust auf Heimlichkeiten, nichts an meiner Weigerung, die Namen der Zwischenhändler und Endverbraucher zu nennen. Immerhin meine Freunde. Was die Wut des Alten nicht minderte.

Ein paar Jahre später verließ ich den Peiniger. Zu viel Zucht, zu viel Faustrecht, zu wenig Aussicht auf ein beschwingtes Leben. Ich zog in ein Internat und stellte fest, dass mein Geburtsfehler – permanente Geldnot – nicht aufhörte. Da ich jede finanzielle Zuwendung von außen ablehnte, schien es unvermeidlich, mich wieder meiner kriminellen Begabung zu erinnern.

Das funktionierte. In den Ferien ließ ich mich von der Verwandtschaft einladen. Um ihr die Gastfreundschaft auf infame Weise heimzuzahlen. Gingen Onkel und Tanten, Cousins und Cousinen spazieren, durchsuchte ich die noblen Ankleidezimmer. Ich spezialisierte mich auf edles Schuhwerk und scharf gebügelte Hemden. Die waren leicht und unauffällig zu verstauen. Da ganze Schuhkästen und Hemdenschränke herumstanden, fielen meine Eingriffe nicht auf. (Vielleicht fielen sie auf, aber nie hörte ich Klagen.)

Es gab delikatere Fälle. Das waren Verwandte, die als allein stehende Herren lebten. Reifere Herren. Wie sie ablenken von ihrem Besitz? Ich besuchte sie dennoch. Aber immer in Begleitung einer anmutigen Freundin. Mir reichten Minuten, um das Soll zu erreichen. In diesen Minuten ließ ich die Anmutige mit den reifen Herren allein. Zeit für die Schöne, um mit Charme und Witz über meine Abwesenheit hinwegzutäuschen. Als ich zu Kaffee und Kuchen wieder am Esszimmertisch saß, waren alle gut gelaunt, die geschmeichelten Männer, die (am Umsatz beteiligten) Freundinnen, der Dieb.

Von Anfang an leitete mich eine Grundregel: Nie von Habgier überwältigen lassen. Eine jedesmal solide gefüllte Sporttasche hielt ich für vertretbar. Schlüpfte ich mit ihr durch den Dienstboten-Ausgang, überfiel mich wieder dieses brausende Gefühl, am Leben zu sein, dieses Sausen der Glückshormone.

Kam ich zurück ins Heim, deponierte ich im eigens dafür reservierten Spind die frische Beute. Mein kleiner Bazar sprach sich herum, neue Freunde kamen und kauften ein, cash was king. Mit Befriedigung sah ich anschließend die tadellos geschnittenen Hemden und edel besohlten Schuhe auf dem Schulhof auftreten. Ich fand, dass wir alle einen ausgezeichneten Geschmack besaßen: Die früheren Besitzer, die neuen Besitzer, ich, der Trödler.

Vermutlich waren die immer wieder eintreffenden Finanzspritzen mitverantwortlich für die Tatsache, dass ich das Abitur schaffte. Wie anders hätte ich die Nachhilfestunden – zuerst für Mathematik, später für Latein und Griechisch – bezahlen können? Ich hätte nicht, ich hätte wiederholen müssen. Welch eine Belastung für den Staat, welch Segen, dass andere so großzügig mit ihren Wertsachen aushalfen. Ich lernte, dass Klauen durchaus zum sozialen Frieden beitragen kann.

Ein halbes Jahr nach Erhalt des „Reifezeugnis" – noch heute muss ich grinsen, wenn ich dieses Wort hinschreibe – kam der Bruch. An einen ordentlichen Studiengang hin zum Dipl.-Ing. war nicht zu denken. Ich schien unreifer denn je, schrieb mich an verschiedenen Universitäten ein, zog in verschiedene Städte, zog in ein anderes Land, zog weiter, jobbte und bereitete neue Irrtümer vor. Während ich die nächsten Weihnachtstage wieder bei meinem Lieblingsonkel H. verbrachte, döste ich von einer Depression in die andere.

C., der jüngste Sohn der Familie, kam mir zu Hilfe. Gleich dreifach. Ihm ist es zu verdanken, dass ich mich nun zu einem wahrhaft talentierten Dieb entwickelte. Und in seiner Schuld bleibe ich bis ans Ende meiner Tage: Für die Tatsache, dass aus mir, dem Zwanzigjährigen – bei Gott kein Frühbegabter – ein Langfinger mit einem höheren Ziel wurde. Noch immer nicht genug: Er verhalf mir zu meinem Beruf, er sorgte dafür, dass ich eines Tages von dem leben sollte, was ich liebte.

Das klingt hoch dramatisch, wenn man bedenkt, dass C.'s Hilfestellung aus nichts anderem bestand, als lesend in einem Sessel zu sitzen und mir zwei einfache Fragen zu beantworten:

„Was liest du?"

„Liebe ist nur ein Wort, von Simmel."

„Wie ist es?"

„Sehr gut, musst du unbedingt lesen."

Dann verstummte er wieder, sein Schweigen war aggressiv, ich spürte, dass er sich weitere Fragen von einem notorischen Nicht-Leser verbat. Wahrscheinlich empfahl er mir das Buch, damit ich den Mund hielt und ihn nicht weiter belästigte.

Irgendwann sollte ich ein Gedicht von Erich Fried in Händen halten, in dem der Dichter von Leuten spricht, die aus Langeweile einem halben Dutzend Fliegen die Beine ausreißen und bald darauf, wieder gelangweilt, Menschen umlegen. Ich hatte Glück, ich ging in die nächste Buchhandlung und kaufte *Liebe ist nur ein Wort.*

Der Fairness halber muss ich noch die *St. Pauli-Nachrichten* erwähnen. Die letzten acht Wochen vor den Ferien war ich als Schichtarbeiter bei der Post beschäftigt. Da ich keine feste

Adresse hatte, teilte ich mit drei anderen Postlern ein desolates Hotelzimmer. Die einzige Lektüre, die herumlag, waren die Nachrichten aus St. Pauli. Leider gelang es mir nie, sie zu lesen. Die Seiten klebten.

Das stimmte mich verdrossen. Wegen des entgangenen Blicks auf Hamburger Titten, aber auch, weil ich für Augenblicke das so gründlich verschollene Verlangen verspürte zu lesen. Und wären es die Sprüche von Tussis und Machos gewesen. Dennoch, ein schwacher Trieb meldete sich da, keineswegs stark genug, um mich hinunter auf die Strasse zu treiben und eigenes Geld für Lesestoff auszugeben. Dass es jetzt tatsächlich dazu kam, daran hatte C. Schuld.

Unerforschliches Menschenherz. Dass ausgerechnet Johannes Mario Simmel mir das Lesen beibringen sollte: schon überraschend. *Liebe ist nur ein Wort* beendete ich am übernächsten Nachmittag. Da mir der Deutschunterricht am humanistischen Gymnasium als eher unerheblich in Erinnerung geblieben war, wohl auch – eingeschläfert vom Trochäen-Nachzählen in *Hermann und Dorothea* – schien ich außerstande zu sagen, ob dieser Roman rasant geschrieben war oder eher ein Haufen dampfenden Mists.

Weder noch. Das Simmelbuch gefiel mir, die Story nahm mich mit. Die Zubereitung, die Sprache, schien mir nicht wichtig. Erst ein paar hundert Bücher später, erst nachdem ich Emil Staigers Provokation „Form ist der höchste Inhalt" gefunden hatte, begriff ich, warum Simmel ein guter Schreiber war. Aber nicht mehr, kein Meister, keiner, der einen Satz hinlegte, nach dessen Lesen man die nächsten zehn Minuten lautlos dasaß und nicht weiterkonnte.

Fest steht: Dank C. und Simmel schoss ich von Null auf Leseratte. Und damit zurück zur Geschichte eines Kriminellen. Denn ab jetzt galt es zwei Süchte, zwei Sehnsüchte, zu stillen. Die alte Lust auf den Kick. Und die brandneue auf gebundene Buchdeckel. Ausleihen kam nicht in Frage. Ich hatte mir umgehend angewöhnt, Anmerkungen an den Rand zu kritzeln, Wörter zu unterstreichen, meinen eigenen Senf zu hinterlassen.

Was für eine schwachsinnige Rationalisierung! Was zählte, war – genau so – das immer wieder begeisterte Hinsehen auf eine rasch wachsende Bibliothek. Ich fing an zu begreifen, dass Bücher als Wächter gegen Schwäche-Anfälle und Feigheiten taugten, als Heilkraut gegen die Schrammen täglicher Bosheiten, als Flammenwerfer gegen die Verwüstungen einer vollkaskoversicherten Windel-Gesellschaft.

Ein von Lustgefühlen begleiteter Teufelskreis begann. Sobald ich Papier sah, fing ich Feuer. Und um dieses Feuer zu löschen, benötigte ich wiederum Papier, viel Papier, viele Bücher.

Ich arbeitete mich ein, wusste sogleich, dass es sich um ein langfristiges Projekt handelte. Wo immer ich wohnte, inspizierte ich zuerst die vor Ort befindlichen Buchläden. Wo ließ sich am gefahrlosesten einpacken? Wie viel Personal gab es? Mehr Frauen, mehr Männer? Wann war Mittagspause? Konnte man von der Strasse hereinblicken? Wo in den Büchern versteckte der Buchhändler die Antidiebstahl-Sensoren?

Dann suchte ich – in einer Nachbarstadt, aus Sicherheitsgründen – einen Schneider. Ich wollte es halten wie die Indianer, erstes Gebot: Hände frei! Und ohne Aktentasche und Rucksack antreten. Denn nichts sieht an solchen Orten verdächtiger aus als ein Gegenstand zum Abtransport von Büchern. So erklärte ich dem Schneider, dass ich unter Bandscheibenproblemen litte, keine Trageriemen aushielte und deshalb – am Innenfutter befestigt – je vier Spezialtaschen benötigte. Per Hand eingenäht in das von mir mitgebrachte

Harris-Tweed-Jackett (dicker Stoff, geräumig) und den ebenfalls von mir gelieferten Mantel: Ein schwarzledernes Ungetüm aus dem Zweiten Weltkrieg, schwer und belastbar.

War die Maßarbeit fertig, stellte ich zu Hause einen mannshohen Spiegel auf, einen vom Sperrmüll. Ich begann zu trainieren: Die kleinen wendigen Bewegungen, um ein Buch von einem Regal in eine circa sechzig Zentimeter entfernte Jackentasche zu befördern. Unauffällig, also mit Windgeschwindigkeit. Viermal mit Windgeschwindigkeit, weil ja vier Taschen existierten. Im Winter sogar acht, denn dann kam ich mit dem breiten Mantel vorbei. Da die eingenähten Schlupflöcher verschieden breit und tief waren, musste ich ein Gefühl für ihre jeweilige Größe bekommen. Um blindlings zu wissen, welches Buch wo hineinpasste. Einmal sich verschätzen, konnte für immer das Aus bedeuten.

Irgendjemand behauptete, es gäbe nur zwei Sorten von Menschen, Professionelle und Amateure. Ich wollte beides sein. Amateur im französischen Wortsinn: Der liebende Dilettant. *Und* ein fehlerloser Profi. Da ich inzwischen Student an einer Schauspiel-Schule war, schienen die Voraussetzungen gegeben, lange und erfolgreich als gewiefter Klau zu überleben. Den leidenschaftlichen Bücherwurm vorführen und simultan als schamloser Entwender auftreten, das schien eine herausfordernde Doppelrolle.

Ich musste hart arbeiten, ich spürte, dass ich nicht cool auftrat, nicht souverän genug, nicht wie ein unbescholtener Mitbürger, der hintergedankenlos eine Buchhandlung betritt. Ich beobachtete mich zu sehr, verlor alle Nonchalance, war nicht der saloppe Hallodri, der kurz hereinschaut, um sich auf Lebenszeit ein paar Bände auszuleihen.

Ich wurde besser, erste Erfolge, erste fünfzig (unbezahlte) Kilo Papier entspannten mich. Die Schneiderkosten amortisierten sich. Ich registrierte mit Genugtuung, dass ich auf dem rechten Weg war. Der Genuss und der Kick kamen zurück, ich erreichte das bravouröse Gleichgewicht von Angst und der Fähigkeit, diese Angst zu genießen. Nie träumte ich davon, sie völlig loszuwerden. Die Angst war der Preis für den lüsternen Flash, war der Garant, dass ich nicht unbedacht wurde.

Ein überraschendes Problem tauchte auf: Von Mundraub war keine Rede mehr. Alles, was ich früher jemandem entwendete, versilberte ich umgehend, um damit meine Ernährung, eine einfachste Garderobe und andere Nebenausgaben des Lebens zu bestreiten.

Das war vorbei, ein Buch veräußern schien wie Hochverrat, unaussprechbar. Jeden Buchstaben bewahrte ich für mich. Die Folge: Mein Geburtsfehler – wohl genetisch bedingte Bargeldlosigkeit – spitzte sich wieder zu. Ferner lernte ich aus einem (Momente zuvor) entführten Fremdwörter-Lexikon, dass ich nicht mehr für die mildernden Umstände einer „Kleptomanie" in Frage kam. Da stand zu lesen: „Zwanghafter Trieb zum Stehlen *ohne Bereicherungszwang*." Mein Trieb war zwanghaft, unleugbar. Aber so war der Bereicherungszwang. Ich hatte längst entdeckt, dass mich bedrucktes Papier mehr bereicherte als vieles andere. Auf ästhetischer Ebene: Bücher sahen verteufelt gut aus. Auf emotionaler Ebene: Bücher wärmten mein Herz. Auf zerebraler Ebene: Bücher fütterten das Cerebrum, das Hirn.

Ich brauchte einen Plan. Um nicht von den Zwängen lassen zu müssen (wie denn?) und nicht vom Fleisch zu fallen. Für Kleidung war gesorgt. Als Schauspielschüler kamen wir herum, wir machten kleine Tourneen, vor dem Auftritt war genügend Zeit, um im fremden Fundus – hinter dem Rücken des Requisitenmeisters – nach zwei, drei passenden Stücken zu fischen.

Das absolut notwendige Bargeld verdiente ich in den Nächten des Wochenendes als Taxifahrer, hundertfünfzig Kilometer entfernt in einer anderen Großstadt. Natürlich machte ich teure Umwege mit ahnungslosen Kunden (mit Amerikanern), natürlich gab ich öfters zu wenig heraus (bei Trunkenbolden), natürlich schaltete ich bei jeder dritten Fuhre den Taxameter nicht ein. Um allein, ohne den Unternehmer, zu kassieren.

Und ich legte auf dem Rückweg immer einen Stopp bei Onkel H. ein. Eines seiner Hotels lag günstig am Weg. Seine eigenen Kinder bezeichnete er als Faulpelze, mich sah er betriebsam herumrennen, hieß mich somit stets willkommen. Ich trug aufmerksam dafür Sorge, dass er an diesem Irrglauben festhielt. Nie sollte er erfahren, dass einer der Gründe meines gehetzten Lebenswandels damit zu hatte, dass ich nachts in den Kühlraum seines Hotels hinunterstieg, um mich für die kommenden zwei Wochen mit Proviant einzudecken. Führsorglich verstaute ich alles unter dem Rücksitz meines alten Käfers. Was dort keinen Platz fand, kam nach vorne unter die Blechhaube. Sauber zellophanverpackt, damit die Naturalien benzingeruchsfrei ihr Ziel erreichte. Ein knappes Jahr lang kam ich so über die Runden.

Als der drängende Stundenplan keine Taxifuhren und Butterfahrten mehr erlaubte, wurde es bedenklich. Denn jedes dritte Geldstück verschwand nun beim Buchhändler. Ich wollte, dass er mich mochte. Machte ich mit den vier bzw. acht sorgsam versteckten Büchern an seiner Kasse Halt, hielt ich immer ein Buch in Händen. Um es hochoffiziell zu bezahlen.

Es kam noch scheinheiliger: Gelegentlich brachte ich am nächsten Tag ein unbezahltes – inzwischen angelesenes und als fad verurteiltes – Buch zurück, beichtete laut und deutlich, dass ich, der zerstreute Bücherwurm, es gedankenverloren eingesteckt hätte und es hiermit, um Vergebung bittend, wieder an seinen rechtmäßigen Platz deponierte. Kein Zweifel, die Heuchelei machte Eindruck, ich galt bald als besonders vertrauenswürdiger Kunde.

Um alle sonstigen monetären Ausgaben auf ein Minimum zu reduzieren, suchte ich nach dem minderwertigsten Studentenzimmer. Ich fand es, siebzehn Quadratmeter, ohne Waschgelegenheit und Toilette. Dafür floss Wasser im Hinterhof, garantiert kalt und direkt neben dem Abort. Kühlschrank? Telefon? Radio? Fernseher? Ich hatte sie noch nie besessen, sie fehlten auch jetzt nicht.

Samstags marschierte ich in ein *Öffentliches Brause- und Wannenbad.* Ein paar muntere Greise und ich, ein spindeldünner, von den Ausmaßen einer Borgeschen Bibliothek phantasierender Bücherdieb, tummelten sich dort ab zehn Uhr morgens unter dem warmen Strahl einer städtischen Dusche.

Ein Unheil verdunkelte meine Träume. Onkel H. ging in den Bankrott, er hatte sich übernommen. Millionenspekulationen gingen daneben, hektarweise eingekaufte Wiesen wurden kein Bauerwartungsland, Kredite platzten, die Gerichtsvollzieher kamen und räumten ab. Nichts blieb mehr für mich, um in den Ferien ein paar Reisetaschen mit schmucker Gardarobe voll zu packen und in einem Pfandhaus in Bares umzutauschen. Sogar das Hotel mit dem üppig ausgestatteten Kühlraum kam unter den Hammer.

Ich lernte hungern, genauer, noch effizienter hungern. Lieber den Körper schinden, als diese eine Leidenschaft in Gefahr zu bringen. Jetzt galt es, das preisgünstigste und zugleich kalorienreichste Mittagessen der Stadt ausfindig zu machen. Ich fand es: zwei Berner Würstel mit Pommes frites, dazu ein halbes Baguette und eine Karaffe Wasser. Das Ganze zum Preis eines Doppel-Reclamhefts. Diese Ausgabe konnte ich mit Mühen vor mir rechtfertigen. Dass ich gelegentlich auf dem Weg hinaus zwei Semmeln vom Nebentisch mitgehen ließ, sei der Vollständigkeit halber noch erwähnt.

An den schulfreien Wochenenden lag ich im Bett – Rückenlage – und las. Je weniger ich mich bewegte, umso weniger verbrannte mein Körper Energie, umso später stachen die beißenden Signale des Hungers. Es galt, bis zu den nächsten zwei Berner Würsteln – 24 Stunden später, nur gestützt von drei Marmeladebroten und einer Tasse Malzkaffee um Mitternacht – durchzuhalten. Eher war die Jause nicht möglich, denn erst um diese Zeit ging mein Nachbar schlafen. War es soweit, schlich ich hinaus auf den gemeinsamen Gang. Er wusste nicht, dass ich wusste, dass hinter dem Marienbild eine Steckdose lag, die auf seine Rechnung lief. Also schloss ich den Tauchsieder an und hielt ihn in die Tasse mit dem kalten Malzkaffee.

Eines Nachts bemerkte ich, dass mir bei diesem unerheblichen Akt der Nahrungsaufnahme fast keines der Utensilien gehörte: Nicht der Strom, nicht die Tasse, nicht der Kaffee, nicht der Silberlöffel, nicht der Tauchsieder. Nur das Brot und die Marmelade hatte ich auf rechtmäßigem Weg erworben. Damit konnte ich leben. Was mich erschreckte: Dass ich nicht mehr mit Gewissheit sagen konnte, wen ich um was erleichtert hatte. Mich meiner Opfer zu erinnern, hielt ich für das mindeste Zeichen von Dankbarkeit.

Ich übertrieb es. Da ich jeden Tag, jede halbe Nacht so viele Buchstaben wie möglich konsumieren wollte, kujonierte ich meinen Körper aufs Äußerste. Ich aß immer weniger, hielt Essen für Luxus, ja, für unanständig. Bei einer durchschnittlichen Lebensspanne von 76 Jahren waren drei tägliche Mahlzeiten unvereinbar mit der Sehnsucht nach drei Millionen Büchern. Zudem hatte ich gelesen, dass Eintagsfliegen nie essen. Sie haben, so stand da, in ihrem kurzen Leben Wichtigeres zu tun. Diese Zeilen begriff ich als Bericht über mich. Ich war eine Eintagsfliege.

Um auch die Marmeladebrote – sprich Zeitverlust und Geldverschwendung – loszuwerden, tüftelte ich an einer Vorrichtung aus stabilem Karton, die mir künftig als *Buch-Halter* dienen sollte. Lag ich rücklings auf dem Bett, brauchte ich nichts mehr in Händen zu halten, um lesen zu können. Ich lag und las. Wieder sparte ich Energie und Scheine. Nur mein Hirn arbeitete, lautlos. Kamen Laute aus meinem Körper, dann heisere Lacher oder bedenkenlose Schluchzer. Ich war gern sentimental. Jahre später sollte ich das Wort „pleurnicheur" kennen lernen: Ein Flenner war ich, auch das stimmte.

An diesen ozeanstillen Nachmittagen überkam mich die beunruhigende Erfahrung, dass ich „visuell" nicht begabt war. Dass mich Bilder und Fotos blind machen und dass wahre Bilderberge erst *hinter* dem Auge entstehen. Wenn eben jener Vorgang passiert, der jeden (vifen) Leser beim Lesen heimsuche: das Drehen seines eigenen Films. Bilder erstickten meine Imagination, Buchstaben schürten sie.

Die Hungerkur zeigte Wirkung. Meine Delle zwischen den Rippen, so bildete ich mir ein, vertiefte sich. Wie meine Augenhöhlen. Auch mein Magen stellte sich um, nur jeden zweiten Tag verlangte er nach einem Stuhlgang. So wenig hatte er herzugeben. An meinen leichtesten Tagen schaffte ich – bei 1,90 Meter Länge – ganze siebenundsechzig Kilo. Einmal pro Monat ging ich zu einem Fotofix-Automaten, um ein Portrait von mir zu machen. Eindeutig, ich schrumpfte.

Die Aufregungen ließen nicht nach. Es kam zu wunderschönen Szenen, die mich mit allen körperlichen Einbußen versöhnten: Es war ein friedlicher Winter-Nachmittag, ich ging in einer gut sortierten Buchhandlung meiner Arbeit nach, unhörbar für andere versanken Alfred Anderschs *Die Rote*, die *Tagebücher*

André Gides und eine schmale *Werkausgabe* Hermann Hesses in meinen Geheimtaschen. Als ich nach Brechts *Chinesischen Gedichten* greifen wollte, geschah es.

Eher harmlos fing es an. Ich hörte eine Kundin nach dem neuen Reinhold Messner fragen. Eine Angestellte führte sie zur Ecke *Alpinistik*. Und begann zu fluchen: „Nicht zu fassen, jemand muss es gestohlen haben. Noch vor einer Stunde hat es hier gestanden."

Eine Menge Gedanken gingen mir sogleich durch den Kopf: Dass ich wohl nicht der Einzige war, der in dieser Gegend zugriff. Dass ich mich augenblicklich nicht weiter als zwei Meter vom Tatort entfernt befand. Dass ich bereits voll beladen mit gestohlenen Büchern dastand. Dass mich Messners unter Sauerstoffmangel niedergelegte Höhenräusche nicht interessierten. Und dass dieses Desinteresse nichts änderte an dem Tatbestand, dass ich mich – von außerhalb meines Kopfes betrachtet – in einer prekären Situation befand.

„Der Herr ist mit den Standhaften", so hatte ich es immer wieder von meinem Religionslehrer gehört. Und es stimmte. Jedenfalls an diesem Tag war der Herr mit mir. Ich erfreute mich einer Bombenform, kein Hitzewallen überfiel mich, kein aufgeregtes Erröten kam mir in die Quere, beiläufig fragte ich die aufgelöste Buchhändlerin, wie denn jemand ein so dickes Buch einstecken könnte.

Das war die falsche Frage, denn R., die gereizte Verkäuferin, deutete nun auf mich und antwortete glatt: „Ja, Leute wie Sie mit diesen weiten Mänteln sind uns sowieso verdächtig."

Da R. nicht nur gut aussah, sondern nebenbei noch über die Gabe der Ironie verfügte, sagte sie den Satz auf heitere Weise, sie lachte dabei sogar. Das muss mich gerettet haben, denn ich parierte, beflügelt vom frechem Verdacht: „Okay, aber wenn ich mich zwecks Kontrolle ausziehen muss, dann splitternackt und vor versammelter Mannschaft." (Inzwischen war auch der Ladenbesitzer hinzugekommen, auch er erregt.) Das Splitternackte entkrampfte uns, wir alle lachten. Einige Minuten später wischte ich hinaus. Erst außer Sichtweite fingen meine Oberschenkel zu schlottern an. Sie begriffen als Erste, wie knapp ich davongekommen war.

Noch während sie zitterten, erfuhr ich, wie schön das war. Um das voll zu genießen, setzte ich mich sogleich in ein Café und bestellte – außertourlich – einen Tee. Mit Dankbarkeit erinnerte ich mich der Tage, an denen ich vor dem Spiegel stand und neben den wendigen Bewegungen auch die wendigen Ausreden übte. Um mich hinauszureden, wenn notwendig, wenn notwendend. Ich hielt mich selten für talentiert. Ich war nur immer stolz auf meinen Eifer, mein Feuer, beide ließen mich nie im Stich.

Das wurde eine denkwürdige Teestunde. Nachdem ich die Szene mehrmals hatte Revue passieren lassen – um Schwachstellen zu entdecken und in Zukunft noch unverwundbarer aufzutreten –, registrierte ich ein angenehmes Nebengefühl: Die Buchhändlerin kam immer wieder ins Bild, ich fand sie plötzlich nicht nur attraktiv, sondern begehrenswert. Ich wusste wieder einmal, dass Frauen, die Bücher mit sich herumtragen, verlockender aussehen als die Bücherlosen, die Gedankenlosen, die Zufriedenen.

Was meine nun vehement ausbrechende Sehnsucht nach R. noch verschärfte, war die Erinnerung an ihren ironischen Tonfall. So ein lässiges Timbre hielt ich schon immer für ein Indiz von Sinnenhaftigkeit, für das Markenzeichen eines erotisch begabten Menschen.

Drittens, ich will es gestehen: R. musste neutralisiert werden. Ein zweites Mal würde ich nicht auskommen. Da würde sie einschreiten, sich nicht mehr abbremsen lassen von meinen Sprüchen. Als ich das Café verließ, hatte ich beschlossen, R. zu verführen. Mich splitternackt vor ihr auszuziehen, diese Idee gefiel mir jetzt. Ich machte mich auf den Weg, um es so weit kommen zu lassen. Ich war guter Hoffnung. Ein paar Seitenblicke von ihr in den letzten Wochen deutete ich als Willkommensgruß. Blicke um Bruchteile einer Sekunde zu lang, um als nichtssagend durchgehen zu können.

R. schenkte mir eine wunderbare Zeit. *Nach* dem verregneten Morgen, an dem ich sie hinter ein Bücherregal bat und küsste. (Ich hatte noch nichts eingepackt.) Sie war ganz einverstanden, sie küsste zurück. Wie ich bevorzugte sie bilbliophile Zeitgenossen. Nach dem letzten Kuss flüsterten wir uns zu, uns abends wieder zu küssen.

Ich hatte mich nicht geirrt, ihre Stimme passte zu ihren Bewegungen. Wir waren zart und zudringlich zueinander, ihr Körper war so verschwenderisch wie ihr Kopf, uns fehlte nichts. Nur manchmal kam ich ins Schleudern, in jenen Momenten, in denen R. über die grassierende Diebstahlswelle in ihrem Laden lamentierte. Ich nickte bedrückt und lamentierte mit. Sie aufzuklären stand außer Frage. Ich war schon immer Einzeltäter. Außerdem wollte ich unsere Liebelei nicht mit einem so schaurigen Geständnis belasten. Dass wir uns immer bei ihr trafen, fand sie in Ordnung. Ich hatte ihr erzählt, meine Wohnung wäre zu winzig, um sich ungeniert in ihr ausbreiten zu können. Dass für die Enge über tausend, nie bezahlte Bücher verantwortlich waren, das erzählte ich ihr nicht.

Ich war froh über diese Frau. In einem ihrem Arbeitgeber entwendeten Band las ich folgenden Eintrag: „Ich bin vermutlich einer der einsamsten Menschen der Welt. Nicht, dass ich keine Menschen kennen würde, ich komme immerfort mit ihnen zusammen, vor allem mit Frauen, die mich gern zu haben scheinen. Ich glaube nicht, dass ich mich selbst je ganz verstanden habe und ich habe niemals jemanden gefunden, der mich verstand. Darum bin ich so einsam. Ich verliebe mich ungefähr jeden Monat einmal, aber es dauert nie länger als ein oder zwei Wochen."

Dieser Briefauszug des 24-jährigen Thomas Wolfe an seine Mutter machte mir Angst. Man weiß, dass bei manischen Lesern die Gefahr besteht, in Büchern nachzuholen, was die Wirklichkeit nicht hergibt. Ich wollte nicht werden wie der amerikanische Schriftsteller, ich wollte beides, die Einsamkeit und die Sinnlichkeit. Nur einsam sein, das ist furchtbar. Und immer behütet werden, nie einsam sein dürfen, das ist nicht weniger grauenhaft.

Ich musste an einen Zwischenfall denken, lange zurück, als mir eine Zimmerwirtin „Damenbesuch" untersagte. Das war ein Grund, ihr fristlos zu kündigen. Ich bestand darauf, dass Damen mich besuchten. Viel einsamere Tätigkeiten als stehlen und lesen gibt es nicht. So wollte ich wenigstens mein restliches Leben in Begleitung verbringen.

Ich fand das romantisch: Bücher einzustecken und zwischendurch – auch das heimlich – mit der Buchhändlerin zu schmusen. Bis zu jenem Vormittag, an dem ich in zehn Sekunden zehn Jahre alterte. Was war passiert? Ich trat aus dem Laden – die Taschen voller Drucksachen, die Lippen voller Erinnerung an R. – und beugte mich über mein Fahrrad, um das Schloss aufzusperren. Und in diesem Augenblick welkte ich. Mein Blick viel auf den unteren Rand meines Harris-Tweed-Jackets, fiel auf die Ecke eines Buchs, das hervorlugte: Die Buddha-Biografie von Hans Wolfgang Schumann. Kein Zweifel, die Nähte waren schlissig geworden.

Ich alterte wahrscheinlich um ein elftes Jahr, als ich begriff, dass ich noch immer durch das Schaufenster sichtbar war.

Dass jeder ein seltsam über sein Fahrrad gebücktes Wesen ausmachen konnte, das wie gebannt in dieser Position verharrte. Aber ich musste so verharren, denn die Gefahr lauerte, dass bei der geringsten Bewegung der letzte Faden riss und der Erleuchtete zu Boden fiel, sprich, der Buchhändler und alle Buchhändlerinnen, einschließlich R., erfahren hätten, dass ich seit vielen Monaten an vielen Tagen unentgeltlich Bücher davongetragen hatte. Der Bücherklau-Gau wäre eingetreten, die Polizei hätte sich auf mich geworfen, mein Harris-Tweed-Sakko (dummerweise auch entwendet), meinen Weltkriegs-Mantel (dito) und meine siebzehn Quadratmeter Wohnfläche durchwühlt. An einem Faden und einem Religionsstifter hing meine Zukunft.

Ich sah keine andere Lösung, als wie ein rückgradverbogener Schwerbeschädigter das Rad anzuschieben und dabei den linken Unterarm gegen den abstürzenden Buddha zu pressen, eben so, als überkäme mich augenblicklich eine grässliche Malaise. Keine ausgesprochen elegante Stellung, aber augenblicklich wollte ich davonkommen und nicht elegant sein.

Ich kam davon. Und diesmal schlotterten meine Oberschenkel nicht, sie strauchelten. Sobald ich einen dunklen Hauseingang gefunden hatte, musste ich mich setzen. Ich saß lange.

Ich zog wieder um, in eine andere Stadt, zurück nach Deutschland. Hauste zuerst wochenlang in einem Keller, die Bücher zwischen den Rohren der Kanalisation gestapelt. Mit der nonchalanten Versicherung des Hausbesitzers im Kopf, der letzte Wasserrohrbruch läge schon drei Jahre zurück, lag ich wach. Ich glaube, in diesem Loch erkrankte ich an Schlaflosigkeit.

Aus einem diplomierten Schauspielschüler wurde ein Schauspieler an einem mit Millionen Euro subventionierten „Staatsschauspiel“. Beim ersten Gespräch zwischen dem Intendanten des Hauses – einem gut aussehenden, cholerischen Glatzkopf – und mir wurde klar, dass wir uns nicht mochten. Er legte den Vertrag vor und ich sah sofort, dass er mir nicht mehr als Nullkommanullfünf Promille von den Millionen zukommen lassen wollte. Dafür musste ich ihn bestrafen, standrechtlich. Als er sich ans Fenster stellte, um einen seiner bekannten Sermons zur hehren Schauspielkunst abzusondern, fingerte ich zum Schreibtisch rüber und steckte eine Ausgabe von Shakespeares *Sonette* ein, herrlich in Kalbsleder gebunden und bravourös von Karl Kraus übersetzt.

Im Laufe der nächsten drei Jahre änderte sich nicht viel an unserem Verhältnis. Aber wir richteten uns ein. Der Glatzkopf betrog mich mit dem Gehalt eines nebenberuflichen Lanzenträgers und ich lernte B. kennen, einen generösen Bühnenarbeiter, der den Eingang überwachte, wenn ich – wieder mit einer strapazierfähigen Sporttasche unterwegs – die staatlichen Kleiderkammern durchwühlte. Die schärfsten Teile trug ich davon, als wir den *Aufhaltsamen Aufstieg des Arturo Ui* aufführten. Nagelneue, maßgeschneiderte Sakkos im Stil der dreißiger Jahre, samtweiche Borsalino-Hüte, dezente Seidenkrawatten. Da im Nebenhaus zeitgleich *Der Misanthrop* gespielt wurde, sah ich mich gezwungen, eine Mandoline und ein vierteiliges Teegeschirr von den Regalen zu nehmen. Ich war fleißig, der Unterschied zwischen einem Lanzenträger-Gehalt und dem, was ich für angemessen hielt, war beträchtlich. Drei monatliche Spritztouren in die Schatzkammern des Glatzkopfs gehörten zu meinem festen Repertoire.

Wieder zog ich um in den nächsten Jahren, zog in drei verschiedene Kontinente. Wieder räumte ich eine Menge Bücher von den Regalen. Dabei verlernte ich die Schauspielkunst und fing an zu schreiben. Bis das aufregende Datum kam, an dem ich feststellte, dass Buchstaben schreiben mich (als Reporter) ernährte, dass ich eine prächtige Bibliothek besaß, dass ich mich noch immer auf freiem Fuß bewegte und dass mir die Lust am Entwenden vergangen war. Ich konnte sie nicht mehr rechtfertigen, es gab keinen Grund mehr, meine Freundinnen, die Buchhändlerinnen, und meine Freunde, die Buchhändler, zu bestehlen. Der Mundraub-Status war verschwunden. Ich verdiente jetzt genug, um für alles bezahlen zu können.

Es gab Ausnahmen, natürlich. Wie der Vorfall in der Stadtbibliothek von Durban in Südafrika, wo ich nach Material über die indischen Einwanderer suchte. Und fand. Sofort wollte ich das fabelhafte Buch besitzen. Eine scheinheilige (und wahre) Rationalisierung flog mir zu: Dieses Werk war vergriffen, nicht mehr käuflich. Konsequenterweise musste ich es rauben. Denn Bücher ausleihen konnte ich noch immer nicht.

Das wurde ein denkwürdiger Nachmittag. Als ich mit der versteckten *History of Indian South Africans* durch den Detektor ging, schrillte es laut und eine Leuchtschrift über dem Ausgang blinkte aggressiv in den Lesesaal: „Please go back to the desk!" Während ich darüber nachdachte, warum mir das verfluchte Metallteil im Buch entgangen war, ging ich nicht zurück zum Schalter, sondern rannte vorwärts auf die Strasse, mitten ins Gewühl des Abendverkehrs. Ein euphorisches Gefühl begleitete mich dabei. Noch immer.

Nein, bereut habe ich den Ausrutscher nicht. Ab und zu musste ich mich meiner Reflexe vergewissern. Ob sie noch immer blitzschnell abrufbar waren. Hinterher ließ der Druck nach, die kleine Eitelkeit war befriedigt, eine Zeit lang brauchte ich mir nichts zu beweisen.

Der Vorgang erinnerte mich an einen so genannten „geheilten" Alkoholiker. Der wird unter normalen Umständen keinen Schnaps mehr anrühren. Aber die Instinkte, die Sehnsucht nach einem Dusel, die bleibt ihm ein Leben lang. So ähnlich funktionieren bibliophile Ex-Langfinger. Das Zucken geht nie ganz weg, erst recht nicht in mit Bücherwänden voll gestellten Räumen.

Ja, die asozialen Phasen kamen zurück. Trotz der Vorsätze. Sie brachen auch dann aus, wenn ich Wohnungen von Freunden betrat. Die Verpflichtung, jenen ihre Bücher wegzunehmen, die sie nicht liebten, war brennender als jeder Aufruf zum gemeinnützigen Wohlverhalten. In solchen Situationen fühlte ich wie einer, der Geiseln befreite. Der das gebundene Papier aus dem Sumpf verstopfter Schubladen rettete, sie von den Abdrücken ungewaschener Hände säuberte, ihre Risse verarztete, sprich klebte, sie einkleidete, sprich einband, sie in eine trockene Wohnung evakuierte, sie zwischen ihresgleichen aufstellte, sie anschaute, sie las, sie bewunderte. Andere adoptieren Kinder, ich adoptierte Bücher.

Wie absehbar: Solche Lieben gingen auf Kosten anderer. Solche Süchte hatten Nebenwirkungen. Nicht unbedingt die sozial löblichen. Je mehr ich las, umso weniger hörte ich zu. Präziser: Lieber schweigend einem Autor lauschen als Blabla reden und Blabla wahrnehmen. Bereits nach den ersten Sätzen eines Gesprächs überkam mich oft das niederschmetternde Gefühl, dass ich mich wiederholte und dass der andere es auch nicht besser konnte. Dass wir gerade dabei waren, uns gegenseitig unsere Lebenszeit zu stehlen. Dass ich augenblicklich Nachrichten und Einblicke erfuhr, die mich nicht (mehr) mitrissen. Weil ich längst von ihnen gehört hatte. Dass ich nur noch die grelle Alarmlampe in meinem Kopf registrierte, die penetrant ein einziges Wort signalisierte: FLUCHT! Und ich den Rest meiner Aufmerksamkeit darauf konzentrierte, wie ich am schonendsten für uns beide diese Flucht antrete. Richtung nächstes Buch. Da, wo Gedanken standen und die dazugehörigen Hintergedanken, da, wo ich ohne lebenszehrende Umwege an die Schatztruhe eines Anderen herankam.

Dieses Verlangen, lieber zu lesen als zu reden und zuzuhören, erinnerte mich an die Lust auf eine geistig harmlose Frau, von der ich nichts anderes verlangte als ihren Körper. (Eine Zwischenbemerkung, als Beitrag zum Frieden unter den Geschlechtern: Wäre ich homosexuell, würde ich „Lust auf einen geistig harmlosen Mann" schreiben. Schon als Minderjähriger kam ich zu der unausweichlichen Überzeugung, dass geistige Harmlosigkeit schonungslos gerecht auf Männer und Frauen verteilt ist.) Nun, um an diesen appetitlichen Leib heranzukommen, hätte ich reden müssen, balzen, Verständnis nicken, mein Ohr leihen, wieder reden, wieder mich anpreisen.

Das ist ein Dilemma für alle erotisch anrührbaren Bücherwürmer. Denn ein formschön gewachsener Körper, der Wohlgeruch und Geheimnis verspricht, ist mindestens so verlockend – nein: verlockender – als ein formschön-geheimnisvolles Buch. Da brechen zuweilen innere Zwiste aus, die Kopfweh machen. Hin zum Leib? Hin zum Geist? Wohin?

Karma, die indische Lehre von Ursache und Wirkung hat einen langen Atem. Der Täter mag seine Taten bereits vergessen haben, das Karma vergisst nie. Es ist unfehlbar nachtragend.

Hier beginnt der letzte Teil der Geschichte eines Diebes. Der Teil, an dem auch ich Zahltag hatte. An vielen Tagen, in vielen Nächten. Die unheimlichen Kräfte, jetzt brachen sie los.

Es passierte in einer Herbstnacht in Paris. Es war kurz nach vier Uhr früh, ich wachte auf und konnte mich nicht mehr bewegen. Vor kurzem war ich zum 53. Mal in meinem Leben umgezogen, mein Futon lag noch zwischen den Bücherschachteln. Ich hatte Schwierigkeiten, mich zu orientieren. Mein erster Blick fiel auf Pappe, dann auf die zweieinhalb Meter hohe, zehn Meter lange Bücherwand. Ich registrierte, dass der Drang zur Toilette mich geweckt hatte. Und ich registrierte, dass es dorthin zu weit war. Beim geringsten Versuch, mich aufzurichten, strahlte ein gemeiner Schmerz die Wirbelsäule hinunter, Schweiß sammelte sich auf meiner Stirn.

Mehrere Versuche scheiterten. Ein Missile schoss durch meinen Oberkörper, sobald ich ihm die geringste Bewegung zumutete. Da ich den Gedanken nicht ertrug, wie ein armseliger Krüppel bis ans Ende meiner Tage liegen zu bleiben, rutschte ich – Hintern voraus – zum Telefon. Um den Notarzt anzurufen.

Wie viele Notärzte wusste der Mensch nicht Bescheid. Aber er hatte eine Spritze dabei, die er mir verpasste. „Sie müssen entspannen“, meinte er und schrieb einen Scheck aus. Ich war sprachlos vor Dankbarkeit, mein Schweiß trocknete, mein geretteter Leib schlief weiter.

Ich hatte nichts begriffen. Nach genau dreizehn Tagen lag ich wieder da, stocksteif, in die Nacht wimmernd, um Hilfe flehend. Ein anderer Doktor kam, er hatte neben der Spritze immerhin eine Empfehlung parat: „Gehen Sie zu einem Spezialisten.“

Ich ging nicht. Ich flog, musste verreisen. Eine Reise mit einem schweren Rucksack war längst geplant. Drei Wochen später, während meiner ersten Nacht zurück in Paris, starb ich. Sagen wir, ich dachte, ich sterbe. Diesmal heulte ich, so hinterfotzig umklammerte der Schmerz meinen Brustkorb. Wie ein wirbelloses Säugetier robbte ich wieder auf das Telefon zu und flüsterte meine Adresse hinein.

Der nächste Tag könnte ein Tag aus dem Leben von Monsieur Hulot gewesen sein. Den Versuch, ein Taxi zu besteigen, um mich zum viel gepriesenen Professeur G. transportieren zu lassen, musste ich abbrechen. Ich war unfähig, meinen Körper zu falten und ihn auf dem Rücksitz des Wagens Platz nehmen zu lassen. Kerzengerade und so bedächtig wie jemand, der die Berührung mit seinen voll gemachten Hosen vermeiden wollte, wanderte ich die drei Kilometer zur Arztpraxis.

Im Sprechzimmer kam es zum komischen Höhepunkt. Ich sollte mich auf der Liege ausstrecken. Was nicht ging, mein Körper verweigerte die aus dem Hirn eintreffenden Befehle. So hievten Arzt und Assistentin mich – unbeugsam wie ein Surfbrett – hinauf. Der Professor tastete über meinen schreienden Rücken, meinte trocken: „Was schleppen Sie ununterbrochen herum? Ihre Muskeln sind völlig verkrampft, kein Wunder, dass Sie brüllen."

Die folgende Anamnese verlief unkompliziert. Da ich talentlos bin für alle körperliche Arbeit, gab es keinen Grund nach einer Tätigkeit zu suchen, bei der ich mich verausgabt hätte. Abgesehen von jenen grausamen Tagen, an denen ich umzog, sprich meine Bücher umzogen. Ich besaß keine Möbel, nur – inflationär anschwellend – Kisten voll bedruckten Papiers, in Paris genau sechsundachtzig. Ich ließ niemanden an sie heran. Nie. Die Furcht, dem Papier könnte etwas zustoßen, verpflichtete mich, sie allesamt allein und ächzend aus einer Wohnung – diesmal im dritten Stock – hinauszutragen und sie – wieder allein und ächzend – in die nächste, diesmal im zweiten Stock, hineinzutragen.

Missmutig blickte der Professor auf die Röntgenaufnahme meines verbogenen Rückens. Nicht zu übersehen, das „S" war mein Karma, die Schreie aus meinen verwundeten Muskeln das unüberhörbare Signal, dass nun die Zeit der Buße gekommen war. Wie alle anderen vor mir unterlag ich dem unerbittlichen Gesetz des Samsara, von Versagen und Sühne.

Wieder bekam ich eine Spritze. Damit ich zumindest im Fond eines Taxis Platz nehmen und ein *Institut de massage kinésithérapeutique* aufsuchen konnte. Dort legte Madame L. ihre erfahrenen Hände auf meinen geschundenen Rücken, massierte ihn, verstaute ihn zuletzt fürsorglich in einer heißen Fangopackung. Nachdem sie mich mit dem strengen Auftrag verlassen hatte, die Augen zu schließen und zu ruhen, zog ich leise ein Buch heraus. Hier las ich und konnte nicht anders. So gibt es Drogen, die einen ruinieren und zugleich das Leben retten.

Der verbogene Rücken, der gehört mir jetzt, bis zur letzten Buchseite meiner irdischen Existenz. Der Professor versprach, die Schmerzen zu lindern, Wunderheilungen jedoch wären nicht möglich, mit keinem Wort erwähnte er eine neue Wirbelsäule.

Nun hatte ich zu viele Sünden angesammelt, zu viele Bücher unbezahlt an der Kasse vorbeigetragen, als dass ich damit – mit Schreien und Flüstern in ein paar Nächten – davongekommen wäre. Neue Flüche trafen ein. So vehement, dass ich um meinen Verstand fürchtete.

Rabiate Zwangshandlungen setzten ein. Systematisch fing ich an, jedes meiner Bücher durchzusehen. Plötzlich störte mich die geringste Beschädigung, ein winziger Riss in einer Seite, ein lockeres Blatt, Flecken auf dem Vorsatzpapier, ein nicht tadellos sitzender Bundsteg, schon ein Eselsohr verschaffte mir körperliche Pein. Da ich nicht weiterleben konnte, ohne dieses Malheur aus der Welt geschafft zu haben, sammelte ich alle reparaturbedürftigen Exemplare ein und schleppte sie – waschkörbeweise, per Mietwagen und mit stechendem Rücken – zu einem Buchbinder.

Schwerste Fälle wuchtete ich zur Post, um sie zur Spezialbehandlung nach Deutschland zu schicken. Dort hatte ich eine Werkstatt ausfindig gemacht, die auf Hysteriker spezialisiert war. Wahre Weltmeister als Buchbinder, nie verweigerten sie ein Anliegen. Drei Truhen schickte ich an einen Spezialbetrieb in Leipzig, um die braun gewordenen Blätter hunderter Folianten „entsäuern“ zu lassen. Damit das Papier nicht irgendwann zerbröselte. Dass manche Reparatur fünfmal mehr kostete als eine Neuanschaffung, sei am Rande bemerkt. Aber viele Bücher waren vergriffen. Zudem wollte ich meine Anmerkungen retten. So schienen mir das viele Geld und der zweitausend Kilometer lange Umweg allemal gerechtfertigt. Zudem: Ein neues Buch drohte ebenso schlampig geklebt oder gebunden zu sein wie jenes, das ich bereits besaß. Es genügte, wenn ich verfiel, meine Bücher sollten frisch aussehen und strahlen.

Die Narreteien hörten nicht auf. Eines Morgens wollte ich mir einbilden, dass jedes Buch einen Umschlag verlangte. Also orderte ich fünfzig Rollen speziell zu diesem Zweck vorgesehener Plastikfolien. Plus fünf Kilo weiße, selbstklebende Streifen, um die Verbindung von Deckblatt und Buchsteg zu verstärken. Plus zwei Quadratmeter Schmirgelpapier, um die dunkel gewordenen, unzählbar gewordenen Seitenränder wieder hell zu polieren. Und ich gab eine Annonce auf, ein geschickter Arbeitsloser sollte mich kontaktieren. Um mitzuhelfen beim Einbinden der Tausende von Buchdeckeln. und Kleben von Streifen und Schmirgeln der Flecken. Der Mann kam. Und wir banden und klebten und schmirgelten, einundfünfzig halbe Nächte lang. Ach ja, gestempelt wurde auch: „*Exlibris A.A*“, das musste ebenfalls sein.

Kaum trafen die Kisten mit den reparierten Bänden ein und kaum war die 51. Nacht vorüber, schlug mein Karma wieder zu. Undenkbar, die jetzt so gut aussehenden Bücher auf ein abgewetztes Bücherregal zurückkehren zu lassen. Ich hörte sie nach einem neuen Modell rufen. Dass ein auf rumänischen Gefängnishöfen gekleistertes Ikea-Gestell dafür nicht in Frage kam, verstand sich von selbst. Ein Pariser Schreinermeister musste her, um in wochenlanger Arbeit eine (sündteure) Maßarbeit abzuliefern.

Die Gnadenlosigkeit hörte nicht auf. Tage, nachdem der Bücherberg eingeräumt war, bemerkte ich, dass mir die Farbe nicht gefiel. Also räumte ich die hundert Meter wieder leer und bat einen (zairischen) Malermeister, die Regale anders zu streichen.

Mein Karma lief zu einer Bombenform auf, der nackte Terror ging jetzt von meinen Büchern aus. In den finstersten Momenten hielt ich mich für eine Wiedergeburt des wahnsinnig gewordenen Dr. Peter Kien aus Elias Canettis einst wild verschlungener (und zweimal gestohlener) *Blendung*.

Mit dem Föhn trocknete ich die Farbe, um so schnell wie möglich wieder ein „normales" Leben führen zu können. Schweißtropfend und von allen Gliederschmerzen gejagt, trug ich ein zweites Mal den Bücherberg ab, der von der Küche bis ins Arbeitszimmer im Weg stand.

Aber ich hatte noch nicht genug gesühnt. Noch einen Spalt weiter öffneten sich die Pforten des Irrsinns. Nach einer halben Woche bemerkte ich, dass die neue Farbe die falsche und dass die erste die absolut richtige gewesen wäre. Ich begriff, dass aller fürchterlichen Dinge mindestens drei waren. Noch einmal schichtete ich meine Wohnung voll. Und behielt die Nerven. Denn anders als Kien setzte ich mich nicht obendrauf und zündete an, sondern wählte gefasst die Nummer von Monsieur Afridi. Und der geduldige Afrikaner fing von vorne an. Der Mensch war fleißig und höflich. Nie ließ er sich zu einer Bemerkung über meinen Geisteszustand hinreißen.

Irgendwann stoppte die Schleuder, präziser, sie verlangsamte. Der Orkan ließ nach, ich kam wieder in die Nähe einer übersichtlicheren Existenz. Erdbebengefährdet blieb ich weiterhin, aber die Rachegöttinnen begruben mich nicht mehr unter einem Wirbel rasender Aktivitäten zur Verschönerung meiner Bücherwelt. Ich lernte, als Behinderter zu leben. Klar, die Höchststrafe schien noch immer möglich: Wiedergeboren zu werden als Buchhändler, der hilflos zuschauen muss, wie Halunken seine Bestände dezimieren.

Der kleine Wahnsinn richtete sich bei mir ein, der schon. Aber ich wusste mit ihm umzugehen. Ich besorgte mir einen Erste-Hilfe-Kasten mit Spezialleimen, Isolierbändern, Schneidewerkzeugen und verschieden feinen Schleifpapieren. Um allen frisch „verwundeten" Büchern sofortige Linderung verschaffen zu können. Selbstverständlich wurden alle neu gekauften Werke auf Fadenheftung oder Klebequalität überprüft. Jedweder Mangel wurde noch vor der ersten Lektüre behoben. Von mir oder einem Fachmann. Nebenbei suchten sieben Antiquariate nach Büchern, die ich verloren hatte und ohne die zu leben ich mir nicht vorstellen wollte. Kamen die modernen Zeiten, suchte ich über das Internet. Dass eine Sekretärin für sechs Tage antreten musste, um gemeinsam mit mir alle Titel der Bibliothek plus Autoren in den Computer zu tippen, auch das schien auf einmal unaufschiebbar. Konnten Freunde mich tatsächlich überreden, ihnen ein Buch zu leihen (oft kaufte ich ihnen ein neues, um der Bedrohung auszuweichen), so erhielten sie mit dem Buch eine Gebrauchsanweisung, oberstes Gebot: „Bitte Hände waschen vor dem Benutzen." Sie lachten, sie ahnten nicht, was ich hinter mir hatte.

Ein Nachwort: Vor nicht langer Zeit las ich im *New Yorker* eine Geschichte von Amos Oz. Der israelische Schriftsteller erzählte da, wie der Vater ihm beim Sortieren seiner Kinderbibliothek geholfen hatte. Der für den Jungen überraschende

Clou: Der so kluge Erwachsene arrangierte die Bücher auf verschiedenste Weise, einmal nach Themen, einmal nach Titeln, dann in ihrer zeitlichen Entstehung oder alphabetisch oder eben nach Autoren, nach Größe, nach dem Namen des Verlegers. „Das“, so Amos Oz, „war der Augenblick, in dem ich zum ersten Mal begriff, dass das Leben voll verschiedener Möglichkeiten war. Dass so verschiedene Logiken in der Welt existierten. Dass alles von einem anderen Blickwinkel aus betrachtet werden konnte.“

Mir verhalf meine Bibliothek und die Mühsal, sie anzuschaffen, und die noch elendere Mühe, sie so oft wie möglich in meiner Nähe zu wissen, zu einer anderen Erkenntnis: dass von einer Leidenschaft getrieben zu werden ein einzigartiges Privileg ist. Dass wohl nichts Trostloseres existiert als ohne feurige Hingabe seine Tage hinter sich bringen zu müssen. Selbst in jenen Nächten, in denen ich vor Schmerzen winselnd am Boden lag, selbst dann, wenn ich fürchtete, wegen einer pathologischen Zwangsneurose im Irrenhaus zu enden, hätte ich die Verursacher dieser Marter nicht verraten. Leidenschaften verlangen eben einen Eintrittspreis, auch das hatte ich begriffen. Und, die letzte Einsicht: dass mein Beitrag, alle Foltern eingeschlossen, wenig genug war. Denn Bücher behüteten und behüten mein Leben. So innig, so beharrlich.

Der Trip

Kurz nach 18 Uhr läutete ich bei Ben. An einem kalten Septemberabend feierte er seinen Geburtstag. Ich war eingeladen, ich war der einzige Gast.

Es gab nichts. Nur ein Löschblatt mit zwei winzigen Portionen Lysergsäurediäthylamid. Ben hatte versprochen, mich mitzunehmen auf einen LSD-Trip. Er verfüge bereits über einschlägige Erfahrungen, wohltuend und farbenfroh wären sie gewesen. „Alles ganz easy, ich bin dein Guru", meinte er und zog die Vorhänge zu. Später dachte ich oft an dieses Wort: easy. Weil Ben hielt, was er versprochen hatte. Nur leicht wurde nichts.

Mein Guru schluckte sofort. Bald fing er an, mit dem Kopf zu wackeln und vor sich hinzukichern. Ich ließ mir Zeit, trank einen Tee, wartete auf die Dunkelheit. Als sie kam, dämpfte sie meine Skrupel. Es war das erste Mal, dass ich ein Halluzinogen nahm. Andere Drogen kannte ich. Die vom LSD produzierten Halluzinationen jedoch, so hörte man, taugten für eine Himmelfahrt oder einen Abstecher in die Hölle. Die weniger Gefährdeten blieben auf der Erde, heiter beschwingt und unerreichbar für alle Exzesse. Ich zögerte, ich fühlte mich gefährdet.

Bei Anbruch der Nacht hatte ich mich überredet. Ich spülte ein Milligramm farbloser Masse hinunter und legte mich auf den Boden. Ben gab Anweisung, „nichts zu machen." Ich machte nichts, lag nur still und horchte. Jetzt war ich bereit.

Nach dreiundzwanzig Minuten gingen sie los, Wellen zitterten unter meiner Haut. Wie eine zarte nächtliche Pollution, nur fortdauernd, ohne Höhepunkt, ohne Aufwachen. Eine friedliche Wollust wogte durch meinen Körper. Er schien nun weit offen, keine Angst blockte, kein noch so vertrauter Bauchschmerz, der sich ihm in den Weg stellte. Ich begann zu weinen. Ben legte Vivaldis *Vier Jahreszeiten* auf, noch ein Katalysator. Ich sah mein Herz aus der Brust fahren und über den Lautsprechern schweben, sah es beseelt und durchflutet von italienischer Musik. Ich gab mich vollkommen hin, vernahm nicht den leisesten Aufruf, dieses kitschige Bild zu vertreiben.

Die Empfindungen wurden drängender, besitzergreifender. Jetzt kamen die Aufrufe, etwas dagegen zu unternehmen. Ich war offensichtlich nicht fähig, ohne Gegenmaßnahmen Glück auszuhalten.

Ich richtete mich auf und dirigierte. Das half. Sitzend und in Bewegung konnte ich solche Zumutungen ertragen. Ich barst vor Wohlbefinden, zerfloss, kroch nach Bleistift und Papier, wollte schreiben. Was scheiterte. Weil es nichts zu sagen gab. Weil ich einverstanden war, hemmungslos einverstanden. Ohne Zaudern vor den Bedrohungen eines unverdienten Glücks schlitterte ich in eine namenlose Wonne. Ich liebte und wurde geliebt, ich existierte, ich dauerte.

Bis zum Umzug in die Hölle. In Bruchteilen von Sekunden, ohne Zwischenstationen. Aus meiner linken Hosentasche schoss eine Stichflamme. Ich griff hinein und zog meine glühende Uhr hervor. Schmerzbrüllend ließ ich sie fallen. Ein Blick auf das Bücherregal gab letzte Gewissheit: FEUER! Die lichterloh brennende Wohnung. Ich stürzte zur Tür, verschlossen. Hinter mir die gierigen Flammen. Rüber zum Fenster, es aufreißen und springen. Vergeblich, eine energische Hand stieß mich zurück. Sie gehörte Ben, dem Guru, ich hatte ihn längst vergessen:

„Lass mich. Siehst du nicht, dass die Wohnung brennt!"

„Nichts brennt, nur dein Hirn brennt. Du bist auf dem Horror gelandet, das ist alles."

Mir fehlten die Nerven, um diesen Ignoranten von der Gefahr zu überzeugen, in der wir uns befanden. Ich rannte zurück zur Tür. Als ich nach dem Griff fasste, wurde aus dem Ausgang ein Felsblock. Meine Hand verschmolz mit den Gesteinsmassen, die nun Stück für Stück ins Zimmer vorrückten. Auf der anderen Seite loderten die Bücher. Apokalyptische Panik schüttelte jetzt meinen Körper. Ich riss meine Hand aus dem Felsen und fiel vor Ben auf die Knie. Hündisch vor Angst flehte ich ihn an, die Tür zu öffnen. Er gab nach und schob die Brocken zur Seite. In schierer Todesangst, noch im Treppenhaus von den einstürzenden Mauern begraben zu werden, jagte ich gebückt hinunter.

Unten auf der Straße warf ich mich auf den Boden, da noch immer die Möglichkeit bestand, von splitternden Dachbalken erschlagen zu werden. Ich robbte so lange, bis ich ein Haus entdeckte, das nicht brannte.

Daydreaming, stand auf dem Schild, darunter „Discothèque". Ich richtete mich auf, die Feuersbrunst lag hinter mir. Ich ging hinein, die Tanzfläche war leer. Cilla Black sang und ich empfand ein heftiges Verlangen, mich zu bewegen. Ich begann zu tanzen, meine Kräfte kamen zurück. Sogleich war ich Paolo Bertolucci und fühlte die fordernden Blicke der Frauen. Bis ich eine Stimme hörte, die mich schadenfroh an meinen Leib erinnerte, den hässlichen, den abstoßenden. Bruchstücke meiner Kindheit schwemmten nach oben. Die Zeit der Regeneration war vorbei, ich stoppte und empfand nur noch Scham, greuliche Scham.

So übermächtig kam die Reue, dass es besser schien, dem Leben ein Ende zu setzen, jedenfalls besser als ein lächerliches Dasein bis zu seinem lächerlichen Ende zu ertragen. Dennoch, auf dem Weg zur Bar kamen die Zweifel. Sterben ist grässlich. Diese Einsicht kam in dem Augenblick, da ich *neben* dem Horrortrip stand und gleichzeitig wusste, dass ich mich mittendrin befand. Ich beschloss, mir noch fünf Minuten Bedenkzeit zu geben.

Auf der Theke hatte jemand eine halbleere Flasche Perrier stehen gelassen. Ich setzte an und stieß sie entsetzt zurück. Wie Granitgeröll donnerte der erste Schluck durch meine Speiseröhre. Ein böser Gedanke traktierte jetzt mein Gehirn: dass ich an den ersten Rändern des Wahnsinns entlangdriftete und nicht mehr entkommen würde. Ich dachte an Geisteskranke und glaubte ihr Schicksal dem meinem so ähnlich. Weil sie im Kopf gefangen waren und keine Chance mehr hatten, ihren eigentlichen, den vernünftigen Geisteszustand mitzuteilen. Mir fielen jene armen Teufel ein, die zehn Jahre lang durch die Abgründe eines ruinösen Trips dämmerten. Und hinterher elendiglich verreckten, verreckt an Unglück und Schwachsinn.

Ich musste aus dieser verrückten Existenz heraus, fasste nach meiner pelzigen Gesichtshaut, massierte sie, wollte Leben in sie hauchen, organisierte mit rabiater Willensanstrengung mein Sprachzentrum, spürte den kalten Schweiß dieser Mühe und fand nach mehreren grunzenden Versuchen die Wörter:

„Einen Arzt, bitte."

Niemand, den mein Hilfeflüstern erreichte. Wahrscheinlich kamen die Worte so zäh und langsam, dass jeder Zusammenhang verloren ging, mein Notruf nicht anders klang als das vertraute Gelalle der zahlreich anwesenden Trunkenbolde.

Die Depression kehrte zurück. Und blieb. Warum noch warten? Ich fasste nach dem Messer, das sich auf dem Teller mit den Zitronenscheiben befand. Mit konfuser Gebärde führte ich es in Richtung meines Herzens. Der Orientierungssinn war mir ebenfalls abhanden gekommen, und aus dem Messer wurde plötzlich ein Schwert, sperrig und schwierig zu handhaben. Ich musste nachdenken, um die geeignete Stelle für den Stich zu finden. Ich fand sie nicht. Auch war nicht genug Zeit, denn ein fettes Gesicht tauchte vor meinen Augen auf, ich ahnte, dass es zu dem Mann gehörte, der mir die Klinge aus der Hand schlug. „Kretin, besoffener“, rief er, aber sein Mund war schon sekundenlang zu, als ich endlich den Sinn des einfachen Satzes begriff. Dann spürte ich die Hände des Barmanns an meinem Kragen. Sie schleiften mich hinaus. Dass es mir draußen die Beine wegriss, war nicht mehr die Schuld des Dicken. Er schob nur an, den Rest besorgte das LSD.

Jetzt begann der nächste Teil der Reise. Ich flog auf das Trottoir und schleuderte in einen Spiralnebel. Nur Augenblicke waren nötig, um ein halbes Dutzend Milchstrassen zu durchqueren. In der Stille und Einsamkeit vernahm ich dröhnend meinen eigenen Herzschlag. Diesmal gab es keinen Grund zu zögern. Unmittelbar überwältigte mich der Wunsch, mich auszulöschen. Um kein Bewusstsein mehr zu verspüren. Um nicht länger so viel Verlassenheit und Nacht standhalten zu müssen. Aber hier war nichts, das mich töten, das mich hätte befreien können. Ich war allein, Mittelpunkt einer von Sprache und Denken nicht zu begreifenden Leere. Der Horizont war schwarze Dunkelheit, durch die ich mich mit Lichtgeschwindigkeit bewegte, fort von Liebe und Hass, fort von Anfang und Ende, fort von Leben und Tod, fort von jedem Gegenstand der Welt, ohne Unten und Oben, ohne Vorwärts und Rückwärts, preisgegeben an tausend Dimensionen. Und es war still, kosmisch und unmenschlich still.

Zwischenlandung auf der Erde. Zusammengekrümmt und mit zehn an das Gitter einer Hofeinfahrt festgekrallten Fingern fand ich zurück zu einem irdischen Bewusstsein. Ich lachte hysterisch vor Freude, erkannte gleichzeitig, dass ich handeln musste, dass ich so lange in Gefahr schwebte, solange die Droge ihre Weltraumflüge nicht einstellte. Doch die

Erkenntnis war wertlos. Auch mein kindischer Versuch, mich festzuhalten, um nicht wieder hinaus in den schwarzen Himmel zu segeln, alles vergeblich. Um Hilfe winselnd jagte ich zurück.

Irgendwann hatte ich Glück. Bei meiner nächsten Ankunft in dieser Seitenstrasse einer Millionenstadt sah mich jemand das verrostete Gitter loslassen und auf allen Vieren über den Bürgersteig kriechen. Es war nachts und es war kalt. Und ich war barfuß und wimmerte. Das muss ein seltsames Bild gewesen sein. Der Fremde verständigte den Unfallwagen.

Während wir mit einem schönem blauen Licht zur Klinik rasten, erzählte ich dem Sanitäter ein Dutzend Mal, wie ich hieß, wie alt ich war, wo ich wohnte. Immer wieder. Den Tipp hätte ich von einem Junkie. Ein simpler Trick, um die zerebralen Fähigkeiten zu reaktivieren und die Verbindung zur Welt zu halten. Der Mann nickte teilnehmend, auch noch bei der letzten Wiederholung. Er war der erste Mensch, der mir nach einer langen Reise zuhörte. Er war wichtig.

Die Aponal-Spritze in der Notaufnahme verstärkte die Anziehungskraft der Erde. Irgendwann setzte ich sanft in einem Krankenhausbett auf. Noch schwebten die Dinge um mich herum. Auch sah ich Höhen und Tiefen, Geraden und Kurven in dem sonst so kalten Plastikboden. Aber seine Hässlichkeit beruhigte. Unsäglicher Druck wich aus meinem Schädel. Ich begann zu heulen. Wohl vor Glück.

Der Schrei

Fünf Uhr morgens, Ankunft in Algier, Busbahnhof. Es ist noch dunkel, ich rieche. Zweitausend Kilometer lang zog sich die Strecke quer durch die Sahara, von Süden nach Norden. Schweiß klebt auf meiner dreckigen Haut. Ich wandere Richtung Stadtmitte. Ein paar Straßenkehrer, ein paar Hunde, die feuchte, salzige Luft. Am Square Port Saïd gibt es ein offenes Café, das *Grand Glacière*. Hier sei das Zentrum, erklärt man mir selbstbewusst. Ich bestelle einen Espresso und warte auf den Tag.

Schwierige Zimmersuche, überall Absagen, überall „complet". Am frühen Nachmittag begebe ich mich ein zweites Mal zur Rue Chérif Debbih. Vielleicht habe ich jetzt Glück. Vielleicht ist der misslaunige Portier vom *Hotel Afrique* jetzt zugänglicher. Eine lausige Bude hat er heute früh in Aussicht gestellt. Dahinein will ich mich nun legen, nachholen drei nicht geschlafene Nächte.

Als ich in die Straße einbiege, sehe ich vor dem Hotel eine Menschenmenge stehen. Die wollen sicher alle mein Zimmer, denke ich verdrossen. Dann höre ich ihn zum ersten Mal, diesen grausamen, grauenvollen Schrei. Noch Wochen werde ich davon träumen und mich wundern, wie jemand so schreien, so bestialisch schreien kann.

Man kann sie nicht überhören, nicht übersehen. Alle blicken hinauf, reden laut und erregt aufeinander ein, deuten auf sie, reden noch lauter, noch erregter. Aber keiner handelt, alle scheinen gelähmt, unfähig, auf dieses Schreckbild zu reagieren. Dort oben hängt sie, am zweiten Stock des gegenüberliegenden Hauses. Schönes altes Haus mit schwungvollen Balkonen auf jeder Etage, durchgehend die ganze Fassade entlang.

Schwere Eisengitter mit je sieben teuflisch spitzen Zacken trennen die Wohnungen voneinander.

Auf einem dieser Zacken steckt die Katze. Man sieht, wie sie verzweifelt den Rücken nach oben krümmt und die Pfoten in den Maschendraht krallt. Um Abstand zu halten und das Eindringen des Metalls in ihr Fleisch zu verlangsamen.

Auf dem Balkon stehen Farbtöpfe und eine Leiter. Durch die frisch gestrichenen Fenster sieht man fünf Männer. Maler, die seelenruhig Wände vollpinseln, während ein paar Meter weiter eine Katze ihren Todeskampf austrägt. Ich eile über die Straße auf das Haus zu. Im selben Moment tritt ein Kind heraus, ein vielleicht zehnjähriger Junge. Ich zeige ihm das Tier, bitte ihn, in die Wohnung zurückzulaufen und die Leute aufzufordern, etwas zu unternehmen.

Der Junge versteht sofort. Von der anderen Straßenseite aus, mitten in der sich rapide vergrößernden Zahl von Zuschauern, sehe ich den Kleinen mit zwei Handwerkern auf den Balkon treten. Wie vermutet wissen die Herren Bescheid. Man sieht ihre abweisenden Gesten und hört das wahrhaft animalische Schmerzensgebrüll der Katze. Ein abstoßend faszinierendes Bild. Als Jamel zurückkommt, hat er sechs Kinder im Gefolge. Wir reden kurz miteinander, dann stürmen wir das Treppenhaus hinauf. Ohne um Erlaubnis zu bitten, ohne einen Blick auf die Anstreicher zu verlieren, hasten wir durch die offene Wohnungstür, direkt hinaus auf den Balkon.

Die Katze lässt mich nicht ran. Sie kämpft um ihr Leben und versteht wohl jeden Eingriff von außen als Verschärfung ihrer Lage. Als ich nicht aufpasse, reißt sie mir mit der Vorderpfote über die rechte Handfläche. Seltsam, die Leute unten lachen jetzt.

Unsere linkischen Versuche scheitern. Hasserfüllt faucht sie uns zurück. Mit bloßen Händen ist dem Tier nicht beizukommen. Ich schicke drei der Kinder durch die Nachbarwohnung, die ebenfalls renoviert wird. Wir wollen von beiden Seiten attackieren. Eine Decke muss her. Unauffindbar. Als Notlösung ziehen wir ein altes Stück Tapete aus dem Müll. Die Kinder auf der anderen Seite sollen die Katze ablenken. Das klappt. Als sie den Kopf wendet, hülle ich blitzschnell das feste Papier um sie und packe zu. Aber die Katze lässt nicht los. Jetzt beginnt der eigentliche Kampf.

Alle vier Pfoten wie vier Anker in den Maschendraht verkrallt, wehrt sie sich mit ungeheurer Kraft, aus ihrer Todesfalle befreit zu werden. Dass wir ihr beistehen wollen, ich sie wegziehen und nicht aufspießen will, so weit reicht ihr Katzenhirn nicht. Ich bekomme sie am Bauch zu fassen und spüre, dass sie keinen Millimeter über der Metallspitze schwebt. Die in das Gitter verankerten Pfoten retten ihr folglich das Leben. Deshalb auch dieses rasende Verlangen, nicht loszulassen. Ließe sie los, würde sich das Eisen unaufhaltsam durch ihren Körper rammen. Jetzt weiß ich auch, warum sie schreit. Nicht der Schmerzen wegen, nein, das sind Hilferufe. Das hinausgebrüllte Wissen, dass die Pfoten nicht ewig halten, dass der mit barbarischer Anstrengung nach oben gespannte Bauch irgendwann nach unten sackt und sie sterben muss.

Wir beide geben nicht nach. Wobei mich die absurde Angst überkommt, ihr den Rumpf von den Füßen zu reißen, so stark sind Druck und Gegendruck. Ließe ich in diesem Augenblick aus, die elend lange Eisenspitze würde wie ein Pfeil ihre Därme durchqueren.

Die Kinder sind clever. Rashid zieht sein Hemd aus und schlägt damit auf die Katzenpfoten. Das tut weh, aber verfolgt den richtigen Zweck: Druck machen, verwirren, zermürben. Bis das Tier tatsächlich aufgibt und loslässt. Und wir beide rückwärts zu Boden stürzen. Das muss komisch aussehen, denke ich noch. Und prompt kommt von der Straße der zweite Lacher.

Die Katze jagt über mich hinweg. Wahrscheinlich hat sie in der letzten halben Stunde den Verstand verloren. Auch ein so schmerzhaft wieder gewonnenes Katzenleben hat seinen Preis.

Als ich nach unten komme, ist alles vorbei, der Stau hat sich aufgelöst, keiner steht noch herum, keiner blickt mehr nach oben. Die Kinder und ich gehen fröhlich auseinander. Dafür trägt eine schreiende Katze die Verantwortung. Außerdem habe ich ab sofort einen neuen Freund. Es ist Balaïda, der misslaunige Portier vom *Hotel Afrique*, der den Vorfall durch sein Fenster beobachtet hat. „Merci, Monsieur", sagt er trocken und reicht wie selbstverständlich den Zimmerschlüssel.

Trouble in Seoul

Kampf ums Ticket, Gedränge, Platzmangel, endlich verlässt der Expresszug die Hafenstadt Pusan und zieht Richtung Seoul. Ich muss umdenken, bin noch verwöhnt von der Langmut und der Höflichkeit der Japaner. Hier ist das Leben strapaziöser, hier herrschen rauere Sitten.

Ankunft in der Hauptstadt. Kein einziges koreanisches Wort kann ich aussprechen. „An nyong hasimnikka", heißt guten Tag. Als ich es den Taxifahrern anbiete, schütteln sie ungläubig den Kopf. Ich will ins *Green House*, eine Jugendherberge. Unsere paar gemeinsamen englischen Vokabeln helfen uns nicht weiter. Bis der richtige Mann auftaucht, lässig nickt und eine Banknote zeigt. So viel soll es kosten.

Der Alte entpuppt sich als Fehlgriff, er hat keine Ahnung. Eine zweistündige Odyssee durch den Stoßverkehr beginnt. Dazwischen rechts ran fahren und Passanten anhalten. Doch das Wort „Youthhostel" will keiner kennen. Wer danach gefragt wird, kann es nicht fassen und hetzt weiter. Als wir endlich ankommen, ist alle Mühsal vergessen. Das Green House liegt im Grünen, das Jahr über dient es als Trainingscamp für Taekwondo-Kämpfer. Während der Ferien aber steht es menschenleer zur Verfügung. Wie jetzt.

Duschen, raus zum Abendessen. Überall schiefe, verräucherte Kneipen, laut und voller Männer. In jedem Tisch ist in der Mitte ein Glutstock eingelassen, über dem die Gäste das Schweinefleisch grillen. Dazu gibt es Kohl, Rüben und kleine Gurken. Ist das Fleisch durch, wickelt man es in Sesamblätter und tunkt die kleinen Portionen in Schalen mit verschiedenen Saucen. Jeder trinkt dazu Soju, einen Branntwein, der sanftmütig blau macht.

Selig wanke ich hinaus. Es vergehen keine zehn Minuten und ein Mann spricht mich an. Koreaner, Anfang vierzig, elegant gekleidet. Ich zögere, er ahnt, dass ich ihn als Männerfreund missverstehe. Er klärt die Sache, indem er ohne Umwege fragt, ob ich „a need for a girl“ hätte. Wie gesucht er sich ausdrückt, denke ich noch. Und sage ja. Kim nickt dezent. Er kenne den Weg, ich könne mich auf ihn verlassen. Verstohlen fingere ich nach meinen eingenähten Geldreserven. Noch immer an ihrem Platz. Ich entspanne.

Der Weg ist kurz. Links und rechts der Strasse sitzen Bäuerinnen, die Obst und Gemüse verkaufen. Dazwischen ein paar Gasleuchten, sie spenden trübes Licht.

Wir sind da. *Shangri-La* strahlt es über der Eingangstür. Das sind zwei Worte, die zum Phantasieren einladen. Irgendwo in Tibet soll dieser glückselige Ort liegen, erträumt und nie bewiesen, wirklich und nicht wirklich. Im Augenblick ist er wirklich. Puffrosa beleuchtet liegt er in einer Seitengasse von Seoul.

Die Treppe hinunter. Unten ist es bereits dunkelrosa, viel Plüsch, in den Ecken stehen raffiniert arrangierte Sitzgelegenheiten, von außen nicht einsehbar. Wohliger Kitsch. Das Personal schwirrt mit winzigen Taschenlampen durch den Raum, um die Gäste wieder zu finden. Ein Musiker klimpert *Things Ain't What They Used to Be* von Keith Jarrett.

Wir beziehen eines der fünf Séparées, das *Golden Island.* Mit Kerzenschimmer und samtbezogener Clubgarnitur, blitzsauber, die Spuren intensiver Vergangenheit lassen sich nur ahnen. Kim bestellt zwei Bier und den „Katalog“, ein Fotoalbum mit Portraits und (dezent bedeckten) Ganzkörperansichten. Zum Auswählen. Kim entscheidet sich für „Rose“ und rät mir zu „Number five“, zu Tul-pi. Ich bin ein ahnungsloser Tropf und sage wieder ja.

Wie erfreulich, als zwei charmante, junge Frauen erscheinen. Kein Nuttengeruch, keine grellen Gesichter, keine routinierte Anmache. Mühelos gelingt uns vier ein beschwingtes Geplapper. Bald die ersten zärtlichen Flüstertöne am Ohr des andern, bald das Einatmen von milchweißer Haut, bald die ersten wangenzarten Berührungen.

Kim hat es eilig und zieht sich mit seinem Mädchen zurück. Ins Nebenabteil, an dessen Tür jetzt eine blau schimmernde Lampe signalisiert, dass das dahinter liegende Bett ab sofort belegt ist.

Tul-pi und ich bleiben. Die Frau ist gekauft, und wir tun, als wären wir heftig ineinander verliebt. Großzügig stellt sie alles zur Verfügung und gibt großzügig alles zurück: Die Nähe, die Küsse, die Sehnsucht. Wie von den Göttern choreographiert rücken wir näher. Zuletzt ein letzter sanfter Ruck und Tul-pi sitzt auf mir. Shangri-La beginnt.

Als Kim zurückkommt, schlägt er ein Tanzlokal vor. Die beiden Freundinnen dürfen uns nicht begleiten, sie gehören zum Haus. Ich bin nicht wehmütig. Wie gut die Liebe tat und wie gut, dass eine nächste Aufregung wartet.

Kim ruft ein Taxi. Mein Kopf strudelt, jetzt dunkelblau vom Soju und dem schweren Bier. Die Fahrt dauert lange. Kim meint ein zweites Mal, ich könne mich auf ihn verlassen. Wieder bin ich einverstanden, wieder kümmere ich mich nicht um Zeit und Orientierung. Mein nächster Fehler.

Wir kommen an, irgendwo am Fuße eines Wolkenkratzers. Wir betreten ein gesichtsloses Five-Star-Hotel, der Nightclub liegt im achten Stock. Doch die Bar sieht gut aus, geschmackvoll möbliert, eine Sechs-Mann-Combo spielt, auch hier diskrete Beleuchtung. Wir erhalten einen Fensterplatz, der Koreaner ordert unverzüglich Champagner plus Obstplatte mit Austern. Und für sich ein Mädchen. Ich tanze, rieche noch immer die Haut von Tul-pi an meinen Händen, spüre noch immer die vergangene Freude.

Um zwei Uhr früh will ich ins Bett. Der Tag war lang und anstrengend. Als ich mich von Kim verabschiede, wird der Mensch plötzlich streng und laut. Ich hätte nun Zahltag, für alles, inklusive Getränke, Essen und Leihfrau. Die Geschäfte des Herrn Kim. Spendiert ein paar Won fürs Bier im Billigpuff Shangri-La, um sich hinterher von mir seine teuren Dollarspesen finanzieren zu lassen. Aus instinktivem Misstrauen habe ich von dem Schlemmerbuffet nichts angerührt, nur Mineralwasser getrunken.

Somit gibt es nicht die geringste Veranlassung, die geforderten 385 (dreihundertfünfundachtzig!) US-Dollar auf den Tisch zu legen. Eine delikate Situation. Der Koreaner ist aufgesprungen und hält mich am Arm fest. Verschreckt verzieht sich das Mädchen. Es ist gerade Tanzpause und wir haben etliche Zuschauer. Kims Stimme, jetzt massiv erregt, will wissen, ob ich den Verstand verloren hätte. Im Gegenteil, ich bin schlagartig nüchtern und suche fiebrig nach einem Ausweg. Das Geld ist gleich eine Woche reisen. Lieber zechprellen als eine solche Lust gefährden. Ich schiele zum Aufzug, gehe los. Kim lässt nicht locker und geht mit. Eisern umklammert er mein Handgelenk und züngelt dabei mehrmals: „Have you gone crazy, Mister Andrew?“ Fast flehentlich klingt es, als könne er nicht glauben, dass unsere Spritztour ein so ungutes Ende nehmen soll.

Das Personal verständigt sich mit Blicken, man will kein Aufsehen, ein Ober folgt nach. Ich drücke sofort auf den Up-Knopf. Während wir warten, spricht Kim zornbebend auf den Chefkellner ein. Ich verstehe kein Wort und verstehe alles. Langsam kriecht der Fahrstuhl nach oben, ...3.....4.....5.....6..... 7.....8, ich stürze hinein und presse den Daumen auf *Ground Floor.* Kaum hat sich die Tür geschlossen, hängen die beiden Koreaner wie Klammeraffen an meinem linken und rechten

Arm. Der Lift ist so eng, dass wir wie eingefroren verharren. Nur die Stimmbänder der beiden bewegen sich, unisono und schrill kläffen sie zu mir hoch.

Mein dröhnendes Herz. In der fünften Etage bleiben wir stehen. Jemand will zusteigen und schreckt entgeistert zurück. Weiterfahrt....4....3..., wieder Stopp. Der Lift rührt sich nicht mehr. Zwischen dritten und zweiten Stock hängen wir fest. „We got stuck“, meckert Kim schadenfroh. Wütend haue ich auf *Close Door*, beim vierten Mal funktioniert das tatsächlich, wir ziehen nach unten. Als sich endlich die Tür öffnet, sind es noch knapp fünfzehn Meter zum Hotelausgang. Ich zerre mich zum Aufzug hinaus, packe mit einer blitzschnellen Bewegung nach den Schultern des Oberkellners und stoße den Kleinen zurück in den Fahrstuhl.

Das war der einzig klare Gedanke, den ich die acht Stockwerke runter fassen konnte: Die halbe Portion zuerst abfertigen, um frei zu sein für den Geschäftsmann, das Mittelgewicht. Angst treibt mich jetzt an, Angst, die nicht einschüchtert, nur anspornt. Mit meinen beiden Händen bilde ich eine Doppelfaust und ziele auf Kims Brust. Ich erwische ihn nicht voll, rutsche seitlich ab. Immerhin taumelt Kim kurz, hat sich aber sofort wieder unter Kontrolle. Ich setze nach, keine Sekunde soll er haben, um nach neuen Kräften zu suchen. Mit beiden Ellbogen greife ich unter seine Achseln, lifte den ganzen Leib und drehe uns beide um die eigene Achse. Als die Fliehkraft stark genug ist, lasse ich los. Kim segelt, erwischt mich aber noch am offenen Kragen. Während er wegschleudert, reißt er mir Hemd und Haut auf. Fünf Knöpfe und der Koreaner fallen zu Boden.

Eine knappe Minute hat unser Auftritt vielleicht gedauert. Der Kellner hat sich inzwischen nach oben verflüchtigt und von den Leuten an der Rezeption kommt keine Hilfe. Für keinen von uns. Vier träge Geschöpfe, luxuriös gekleidet, sehen gleichgültig herüber. Ihre Trägheit hilft, ich stürze los, will fort sein, bevor Kim wieder auf die Beine kommt.

Ein letztes Hindernis. Als ich im Sturmschritt hinausrenne, betritt ein Paar gerade die Halle. Unser Timing stimmt nicht. Wir prallen zusammen, aus gehetzten Augenwinkeln sehe ich einen der späten Gäste sich überrascht auf dem Teppich wiederfinden.

Den Bürgersteig hinuntersprinten. Hundert Meter weiter zwingt die Anwesenheit eines Polizisten zu einer langsameren, weniger verdächtigen Gangart. Dann weiterpreschen, dann links in einen Hinterhof abtauchen. Stopp, die kochenden Lungen beruhigen. Erst als die Sinne wiederkehren, bemerke ich die Dunkelheit. Ja natürlich, ab zwei Uhr früh ist Seoul geschlossen, Ausgangssperre. Nur Nacht und Stille. Ein Wunder, dass ich auf meiner Flucht gegen keine Wand knallte, ja, noch verwunderlicher: Mir überhaupt nicht auffiel, dass kaum Lichter brannten.

Jetzt ist es 2.20 Uhr. Meine Adresse habe ich längst vergessen und die achtlos eingesteckte Quittung für die bezahlte Übernachtung irgendwo verloren. Nur ein einziges Wort ist mir im Kopf geblieben: Rotary. Drei Silben, die an Europa erinnerten. So heißt der Stadtteil, in dem das *Green House* liegt. Was tun? Acht Millionen Einwohner, Finsternis, sprachlos, orientierungslos, Ausgangssperre.

Weit weg höre ich Verkehrsgeräusche. Vorsichtig bewege ich mich darauf zu. Sichtweite drei Meter. Eine halbe Stunde später lande ich auf einer Kreuzung, schwenke die Arme. Tatsächlich hält bereits das erste Fahrzeug, ein Sattelschlepper. Ich klettere ins Führerhaus, sage „Rotary“, der Mann nickt nur und gibt Gas. Nach dreihundert Metern stoppen wir vor der ersten Straßensperre. Sieben Soldaten, drei Mann Military

Police, zehn Maschinenpistolen, vier quer stehende Jeeps, Stacheldrahtverhau. Der Fahrer zeigt seine Sondergenehmigung. Auf die Frage nach meinem Namen, antworte ich mit einem starken amerikanischen Akzent. Amerikaner sind Freunde, wir können passieren.

Die Szene wiederholt sich. Polizei, Straßensperren und Fahrer wechseln. Ich verteile meine Kaugummis. Die sind unübersehbar amerikanisch, wir haben freie Fahrt. Ins Leere. Angeblich ist immer dort, wo ich aussteige, Rotary. Alle sind hilfsbereit und alle haben keine Ahnung.

Zuletzt ein Lieferwagen. Diesmal dauert es länger. Immer, wenn wir anhalten, reicht mir der junge Kerl einen Beutel mit Strohhalm. Die kalte Milch neutralisiert den alkoholschweren Schädel. Nach der sechsten Tüte heißt es wieder Rotary. Draußen ist es so dunkel, dass jeden Moment die Chance besteht, in eine der zahlreichen Baugruben zu fallen. Doch plötzlich die Erinnerung an ein wichtiges Detail: In unmittelbarer Nähe der Jugendherberge ist mir ein sonderbares Subway-Schild aufgefallen. Das Deckglas war zur Hälfte verschwunden, innen flackerte ein Neonlicht. Sonderbar, da es in dieser Gegend noch keine U-Bahn gibt, nur seit Jahren daran gebaut wird.

Die vielen Baustellen sind ein gutes Zeichen. Ein einsames, verbotenes Taxi fährt mit Standlicht auf mich zu. Ich muss mich hineinzwängen, da der Wagen schon voll besetzt ist. Die freundlichsten Mitfahrer der Welt. Vehemente Diskussionen. Rotary? Greenhouse? Jeder weiß es und zeigt in eine andere Richtung. Dreihundert Meter weiter bin ich wieder allein.

Ich entdecke eine Polizeistation, weithin identifizierbar durch einen hell leuchtenden, gelben Punkt über der Eingangstür. Ein friedlicher Ort. Auf dem Fußboden schlafen zwölf Leute, der Chef döst übernächtigt auf seinem Schreibtisch. „Youthhostel?“ Wieder registriere ich ein überraschtes

Gesicht beim Klang dieses Worts. Trotzdem ist der Chef sofort bereit, nach etwas zu suchen, von dem er nicht weiß, wie es aussieht. Mit der mächtigen Taschenlampe zurück auf die Strasse. Suche mit System. Wir eilen zu verschiedenen Plätzen seines Reviers, wo sich das immer gleiche Ritual abspielt: Der Chef klopft an einen Holzverschlag, keine Hütte, eher eine Art geräumiger Sarg. Der Deckel öffnet sich und abwesend verschlafen streckt ein Polizist seinen Kopf heraus: „Anio", fünfmal Anio, fünfmal Nein. Wir gehen zurück. Alle seine Außenposten hat er befragt, mehr ist um diese Uhrzeit nicht möglich.

Aber so viel Düsternis bringt Erleuchtung. Jedes Licht, sei es noch so schwach, setzt sich hier durch. Auf dem Weg zurück zur Polizeiwache entfährt mir ein leiser Freudenschrei. Einen Steinwurf entfernt sehe ich dieses zerbrochene Subway-Schild, noch immer fahl und flackernd. Seit einer Stunde irre ich im Kreis. Der Milchfahrer hatte Recht, sein Rotary stimmte.

Ich beherrsche mich, deprimiert bedanke ich mich bei Inspektor Lee Kee Kyu. Kein Wort von meiner Entdeckung. Besser wohl, wenn die Polizei nicht weiß, wo ich wohne. Siehe Kim und Shangri-La, siehe Nightclub und Nachspiel.

Der Rest Routine. Das Schild, eine enge Gasse, ein Mauereck, märchenstill und schemenhaft liegen das *Green House* und sein Garten vor mir. Behutsam klettere ich über das verschlossene Tor. Drei schöne Sekunden lang. Nicht länger, dann sind sie vorbei. Als ich auf dem Rasen lande, blitzt der Strahl einer Taschenlampe in mein Gesicht:

„Ich habe auf Sie gewartet, Mr. Andrew, zwei Stunden lang."

Die ungewohnt ruhige Stimme Kims im ersten Zwielicht des Tages.

„Und Sie wissen warum?"

Kim hat drei seiner Freunde mitgebracht. Drahtige Freunde, die cool und sichtlich entspannt neben ihm stehen.

„Wie zum Teufel haben Sie mich gefunden?"

„Nichts einfacher als das."

Mit diebischer Freude wedelt Kim mit einem Stück Papier. Einer der Drahtigen setzt sich in Bewegung und hält es mir unter die Nase. Ich erkenne meine für verloren geglaubte Quittung: „Paid for one night" steht darauf. Und darüber *Green House,* die volle Anschrift und mein Name.

„Wie kommen Sie dazu?"

„Meine alte Freundin Tul-pi, Sie erinnern sich sicher. Seit Jahren arbeiten wir zusammen. Ich bringe die Kundschaft und sie bringt das Geld."

„Ja, und?"

„Mein Gott, muss ich es wirklich aussprechen? Wahrscheinlich waren Sie zu hitzig, jedenfalls fischte Tul-pi beim Liebesspiel den Fetzen aus Ihrer Tasche."

„Ich verstehe, schon auf dem Weg zum Nachtclub hatten Sie meine Adresse?"

„So ist es."

Manchmal wissen Verlierer genau den Zeitpunkt ihrer Niederlage. Und sie wissen den Grund. Tul-pi, die Schöne, die Gerissene, und Kim, der Zuhälter, der Ganove, waren eben cleverer. Der Morgen graut. Ich zähle nach: Dreihundertfünfundachtzig Dollar, cash.

Der Coup

Die Reise ist gepumpt. Wie so oft. Dieses Mal mit fünftausend Mark Schulden nach Asien. Mit der Transsibirischen Eisenbahn durch Russland, auf dem Schiff nach Japan und Korea. Knappe zwei Monate sind wir nun unterwegs und ich weiß: Wenn ich zurück nach Europa komme, ist Zahltag an meine Gläubiger. So ist es versprochen, und ich will Wort halten.

Als die Boeing 747 auf dem Kai Tak-Flughafen von Hongkong landet, beginnt der Countdown. Hier ist unsere letzte Station. Fünf Tage ist jetzt Zeit, um nicht mit leeren Händen nach Hause zu fliegen. Diese Stadt hat eine Menge krimineller Energie. Das macht die Sache leichter. Die Möglichkeiten, unbefugt an Geld heranzukommen, sind durchaus vorhanden.

Cathy und ich wohnen auf dem Mount Davis, im äußersten Eck von Hongkong Island. Ganz oben steht eine Jugendherberge. Mit zehn verstunkenen Toiletten und einem nächtlichen Paradiesblick aufs lichterglitzernde Meer. Typisch Hongkong, Himmel und Fegefeuer liegen haarscharf nebeneinander: Blühende Frauen und sabbernde Irre, stinkende Hitze und wohl temperierte Restaurants, plärrende Kofferradios und die Weihrauchstille buddhistischer Klöster.

Alles, was ich sehe, lässt mich nicht unberührt. Alles, was ich registriere, durchläuft in meinem Hirn ein bestimmtes Raster: Eignet sich dieses Haus, dieser Platz, diese Strasse, um gesetzwidrig und erfolgreich tätig zu werden? Wo liegt der rechte Ort, um Unrecht zu tun? Wo wartet eine vernünftige Chance, um sich unbürokratisch und zügig zu bereichern?

Das Unternehmen macht nur Sinn, wenn ich professionell arbeite. Rudel von Ganoven sind in dieser Stadt zugange. Alle auf dem Sprung nach dem schnellen Geld. Aber viele hasten und schludern. Endstation Wasser und Brot. Verbrechen ist hier ein anstrengendes Geschäft. Die hiesige Polizei gilt als brutal und effizient. Jedes Alibi ist grundsätzlich verdächtig, jeder grundsätzlich zuerst einmal Täter. Ich lerne den Satz auswendig, um mich beharrlich daran zu erinnern.

Ich gestehe, hinter aller Notwendigkeit lauert ein starkes Gefühl: Die Sucht nach dem Stachel, das Spiel mit der Angst. Immer wieder diese innig gesuchten Momente eines rasenden Herzschlags. Diese Lust auf Abwege, dieses geradezu kindische Vergnügen, „böse“ zu sein.

Ich gehe nicht über Leichen, aber über Leichtverletzte, das schon. Denn verbotenes Geld, genauer gesagt, der Weg dorthin, hat einen betörenden Geruch. So sind die fünf Riesen nur äußerer Anlass, nur die brauchbare Rationalisierung einer ungesetzlichen Tat. Etwas, mit dem ich mich meines Lebens vergewissere. Das Risiko als Lebensversicherung, wie schwindelerregend wahr.

Nach vier Tagen entscheide ich mich für den Tatort. Bisher favorisierte ich das Hafenviertel Aberdeen mit seinen Dschunken und Sampas. Dort gibt es eine Menge schwarzer Gassen, verwinkelt, verwirrend, irreführend. Genau richtig, und doch: zu betriebsam, nicht diskret genug, keine zwanzig Sekunden ohne lästige Menschenaugen.

Viel einsamer, viel leerer – seltsam, dass mir das nicht eher auffiel – ist die schmale Strasse hinauf zum Mount Davis. Als ich am vorletzten Abend die Strecke mit dem Taxi nach oben fahre, trifft mich die Entdeckung wie ein Satori. Hier ist es: finster, verlassen, versteckt hinter Felsen und Sträuchern.

Cathy bekommt einen Heulkrampf. Morgen soll die Sache steigen und ich ändere noch um Mitternacht Schauplatz und Zeitplan. Das Ding drehe ich allein. Um sie nicht zu gefährden. Meine Freundin hat aber wichtige Zulieferdienste übernommen, die vieles erleichtern. Immer wieder besprachen wir eine Reihe denkbarer Varianten, Vorteile und Fehlerquellen. Immer wieder überkam mich dabei ein Gefühl der Unsicherheit, die Erkenntnis, dass zu viele Fragen offen blieben, dass zu viele weiße Flecken den Plan bedeckten, dass zu viele Faktoren von Glück und Zufall abhingen. Cathy hält meinen letzten Vorschlag für nicht besser. Im Gegenteil, mehr Erfolgschancen hätten noch immer die hundert Gassen von Aberdeen. „Das ist doch der nackte Wahnsinn, noch vor einer Stunde war alles haarscharf festgelegt und jetzt, mitten in der Nacht, fällt dir was Neues ein."

Ich spüre die eigene Anspannung, weiß, dass ich ungerecht bin und bestehe darauf, dass ich Recht habe. Ab sofort bin ich unbelehrbar. Plötzlich eine tief verwurzelte Sicherheit, dass meine Entscheidung richtig ist. Cathy, in außergewöhnlichen Situationen stark und belastbar, mault nicht weiter, die letzten zornigen Schluchzer verebben. Sie zieht den Schreibblock heraus und macht Notizen, sagt nichts Gutes, nichts Schlechtes, verspricht Unterstützung. Ich mag ihre Kraft. Bedrückt gehen wir schlafen, Frauenschlafsaal, Männerschlafsaal.

Der Wecker läutet um sechs. Draußen ein strahlender Sonntag. Der Tag des Coups. Wenn alles klappt, fliegen wir morgen um 11.45 Uhr über Manila nach Frankfurt, im Gepäck ein mit Schreibmaschine beschriftetes, viel Geld teures DIN-A-4-Blatt.

Um halbsieben sehe ich durch das Fenster Cathy am Ausgang stehen. Sie geht los. Alles schläft noch. Gut so, je weniger Leute unseren Aufbruch beobachten, umso besser. Fünf Minuten später folge ich ihr. Klüger, wenn wir nicht gemeinsam den langen Weg nach unten antreten. Mit all unseren Habseligkeiten.

Wir kommen zur rechten Stunde, kaum Leute. Nur ein paar Einheimische beim Frühsport, ihrem eleganten Tai Chi. Cathy hat mir verziehen. Sie lässt ein Stück Papier fallen, ich lese: „Take care."

Unten an der Victoria Road nimmt jeder ein Taxi bis zum Star Ferry Pier. Dann mit der Fähre rüber nach Kowloon. Hier lasse ich diskret meinen Rucksack in der Nähe meiner Freundin stehen und verschwinde. Cathy wird ihn an sich nehmen und mit zwei weiteren Reisetaschen ins Hotel Ming fahren, eine unauffällige Absteige, Cameron Road. Ein Einzelzimmer ist bereits reserviert.

Ich gehe frühstücken. In meiner Hand ein Plastikbeutel mit einem Paar Halbschuhen, einem zerrissenen Hemd und dem Messer. Requisiten für die Nacht. Anschließend Zeit totschlagen. Zum Friseur, rasieren. Gepflegtes Aussehen erhöht die Gewinnchancen. Um zwölf treffen wir uns kurz vor dem Eingang zur Moschee, Ecke Haiphong / Nathan Road:

„Wie bist du untergebracht?"

„Es geht, Zimmer 9, erster Stock. Eine Bude, aber die Klimaanlage funktioniert."

„Bestens. Beweg dich bitte am Abend nicht aus dem Hotel. Ich werde dich anrufen, so oder so."

Den Nachmittag über wenig Aufmunterndes. In der Zeitung lese ich unter *False Report*, dass ein junger Kerl zu acht Monaten Gefängnis verurteilt wurde. Weil er der Polizei ein Verbrechen meldete, das so nie stattfand. Redete von einem Einbruch in seiner Wohnung, um bei der Hausratversicherung abzukassieren. Ich schwanke für Augenblicke. Beim Kinobesuch – *Loophole* mit Albert Finney – ein weiterer Tiefschlag. Der Raubzug durch die Londoner Kanalisation in die Bank von England scheitert. Die Bande ersäuft. Nur zwei überleben, mit dem nackten Leben. Die Zeichen stehen auf Sturm, ich muss gut sein.

Um 17 Uhr ist der Film zu Ende. In der Toilette wechsle ich meine abgelaufenen Turnschuhe gegen die mitgebrachten Slipper. Haben auch Löcher, sind aber auf den ersten Blick seriöser, nicht so verdächtig alternativ. Dann rein in ein Fast-Food-Restaurant. Noch neunzig Minuten vertrödeln. Als es endlich dunkelt, ein letztes Mal auf die Toilette. Die Messerklinge mit einem Streichholz desinfizieren und den Brustgeldbeutel streng um Hals und Rücken schnüren.

Raus auf die Yee Wo Street. Es dauert, bis der 5B durchkommt. Ich stelle mich auf die Verbindungstreppe zum Obergeschoss des Doppeldeckers. Ein intimer Platz, keiner soll sich an mich erinnern. In der Nähe des Mount Davis steige ich aus. Ich bin hochgradig erregt und konzentriert. Rasch biege ich in die schmale steile Strasse ein. Niemand folgt. Nach der ersten Linkskurve begegne ich zwei älteren Chinesen, Spaziergängern. Keine Gefahr, da die Dunkelheit nur Schemen preisgibt.

Ich beginne zu laufen, so geräuschlos wie möglich. Drei Minuten später bin ich an der vorgesehenen Stelle. Alles wie erhofft, kein Licht dringt mehr von der Stadt herauf.

Was nun kommt, ist bereits Dutzende Male als Film durch mein Gehirn gelaufen. Doch jetzt ist Wirklichkeit und sie hat mehr als 24 Bilder pro Sekunde: Aus der Plastiktüte nehme ich ein gelbes, kurzärmeliges Hemd. Es ist schmutzig, zerrissen und blutbefleckt. Andenken an eine Meinungsverschiedenheit vor zwei Wochen in Seoul. Es ist exakt die passende Garderobe für den heutigen Abend. Mit feuchten Händen ziehe ich es über den Leib, werfe das andere unauffindbar in die Sträucher. Dann der Griff zum Messer. Am Ellbogen setze ich an und ziehe zwölf Zentimeter Richtung Handgelenk. Mit den fünf rechten Fingernägeln fahre ich vom Hals runter zur Brust, das gibt satte Kratzspuren. Zuletzt reibe ich mit einem kantigen Stein über die Stirn, Schürfwunden. Sind alle drei Wundmale angelegt, verteile ich das heftig aus dem Unterarm quellende Blut über Gesicht und Hemd. Auf Schuhe und Hose kommt staubiger Dreck. Messer und Tüte verschwinden. Ich bin oberflächlich verletzt und sehe wie hingerichtet aus. Ich horche gespannt in die Stille. Nur weit, weit entfernte Autogeräusche.

Ich warte noch ein paar Minuten, um genügend Zeit zu lassen für einen offiziellen Überfall. Dann renne ich los, bergabwärts. Schweiß und Blut beginnen sich zu vermischen.

Unten angekommen, rüber auf die linke Seite und weiter auf der Victoria Road, zum Central District. Auf dieser Strecke liegt die Western Police Station. Jetzt gilt es Meldung machen. Schließlich handelt es sich hier um einen Versicherungsbetrug, genauer, Reiseversicherungsbetrug. Eine räuberische Handlung soll vorgetäuscht werden, um von der Polizei ein Protokoll über einen (nicht) stattgefundenen Überfall zu erhalten. Ein solches Dokument ist Tausende wert, je nachdem, was alles (nicht) gestohlen wurde. Äußerste Akribie ist angeraten. Achtzig Prozent solcher Schwarzgeschäfte, glaubt man den letzten Statistiken, fliegen auf. Menschliches Versagen als Hauptursache. Weil überhastet gepfuscht wurde. Weil die Polizei als berüchtigt misstrauisch gilt. Weil Versicherungsgesellschaften grundsätzlich davon ausgehen, dass ein Gepäckdiebstahl nicht passierte, sondern inszeniert wurde. Ich weiß, wovon ich rede, ich habe schon einmal abgezockt. Allerdings nicht hier, auf einem anderen Erdteil.

Ich stoppe ein Taxi, springe hinein, sage „Get me to the police“, und der Mann fährt nicht weiter. Das ist ein Witz. In einer Stadt mit einer hochprozentigen Verbrechensrate versteht ein Taxifahrer das Wort Polizei nicht. Und der chinesische Begriff „tschaai jan“ fällt mir nicht ein, Gehirnverstopfung.

Als ich entgeistert aussteige, will mich der Schlag treffen. Das Hauptfach an meinem Brustgeldbeutel hat sich geöffnet, ich sehe den schwächlichen Druckknopf und weiß sofort, dass Ticket und Reisepass verschwunden sind, sprich sagenhafte eintausendneunhundert HK-Dollar.

Nicht denken, nur rasen. Diesmal zurück. Was sich jetzt abspielt, ist in meinem Drehbuch nicht vorgesehen. Eine mittlere Katastrophe droht, wenn ich die Papiere nicht wiederfinde: Verlängerter Aufenthalt, Neukauf des Flugscheins (mit was?), Gefährdung des gesamten Coups.

Ein Stück zu Fuß, den Rest wieder per Taxi. Der Kerl kaum weniger bockig als sein Vorgänger. Am Fuß des Mount Davis hält er, will nicht in die Dunkelheit hineinfahren. Widerwillig zeigt er auf mein Gesicht. Was ist damit? Ich ducke mich unter den Rückspiegel und erinnere mich: Mein Zombischädel, schweißtriefend, blutverklebt, voller Dreckspuren. An meinem Hals die fünf rot glühenden Striemen. Vom linken Arm tropft das Blut auf den Rücksitz.

Ich gehe allein. Und finde nichts, natürlich nicht, da hoffnungslos überfordert in dieser nachtfinsteren Umgebung. Jetzt hilft nur noch die Polizei, als Suchtrupp. Aber ja doch, das passt genau in die Story, verschärft sogar die Glaubwürdigkeit.

Ein zweites Mal nach unten. Ich spurte die Hauptstrasse vor bis zur ersten Bushaltestelle. Die ist besetzt, ein Licht brennt und in dem engen Büro sitzt ein intelligenter Mensch. Er versteht sofort und greift zum Telefon. Minuten später kommt die Ambulanz, mit Blaulicht und Sirene. Ich soll gleich mitkommen. Ein Missverständnis. Ich winke ab, unterschreibe eine Verzichtserklärung. Die medizinische Versorgung kann warten, erst muss ich Pass und Ticket wiederhaben.

Inzwischen ist die Polizei eingetroffen, ebenfalls mit Lichtorgel und Martinshorn. Obwohl fiebrig und gereizt vom Verlust der Papiere, genieße ich die Situation. Auch Lust zu lachen, lauthals herauszulachen: Zwei große dicke Autos, Notrufeinsatz, blockierte Strassen, neun Sanitäter und Polizisten.

Der von mir berichtete Tatbestand ist offensichtlich: Raubüberfall, zwei Mann schlugen zu und flohen mit meinen beiden Reisetaschen. Bargeld und Schecks noch in meinem Besitz, Ticket und Reisepass beim Handgemenge oder auf dem Weg nach unten verloren. Und morgen Abflug nach Europa.

Die Beamten reagieren sofort. Mit aufgeblendeten Scheinwerfern ziehen sie die einspurige Strasse hinauf. Vorneweg vier Mann, die mit Taschenlampen nach den Dokumenten suchen. Nichts, einen halben Kilometer lang nichts.

Der Chef will zur Jugendherberge, um nach Verstärkung zu telefonieren. Das riecht gefährlich. Wie soll ich meine nächtliche Anwesenheit hier rechtfertigen, da ich doch heute Morgen bereits ausgezogen bin? Und warum ausgezogen, wenn ich nur noch eine Nacht in Hongkong bleiben wollte? Eingeklemmt zwischen zwei Polizisten auf dem Rücksitz finde ich rechtzeitig den passenden Notausgang, lüge, dass ich frühmorgens auf dem Weg nach unten mein Gepäck auf halber Strecke versteckt habe. Der Hitze wegen, auch um unbelastet nach einer Unterkunft suchen zu können. Ich wollte wenigstens einmal in einem anständigen Hotelbett liegen, mich ausschlafen, mich generalreinigen. Hier oben gäbe es kaum Wasser, dazu der unerträglich laute Schlafsaal, die unerträglich versauten Toiletten.

Das leuchtet ein. Doch an der Rezeption der Jugendherberge hört der Stress nicht auf. Die bis an die Schmerzränder geschundenen Nerven. Ein Fehler und ich stürze ab. Was erfinden, wenn Cheng, der Leiter, auftaucht? Er war die letzten Tage unser Freund geworden und seine erste Frage wäre: Wo ist Cathy? Eine Furcht erregende Frage, da ich schon mehrmals ausgesagt habe, allein unterwegs zu sein. Aber Cheng ist nicht da, seine Vertretung kennt mich nicht. Jetzt telefoniert der Chefbulle, auf Chinesisch und ausführlich. Mittendrin will er meine Passnummer wissen. Da ich sie nicht sofort ausspucke, verlangt er den Aktenordner mit den ausgefüllten Übernachtungsformularen. Noch einmal schwappt das Adrenalin, da mein Zettel mit dem meiner Freundin zusammengeheftet ist. Erfährt er von ihr (und diesmal schwarz auf weiß), kann ich mich von meinen Träumen verabschieden. Zu offensichtlich wären die Widersprüche, um nicht schwerwiegende Rückschlüsse zu ziehen.

Noch einmal habe ich Glück. Während der Kommissar schon in den Unterlagen blättert (A wäre der erste Buchstabe!), überkommt mich die notwendende Erleuchtung. Blitzschnell rufe ich ihm die im Kopf wiedergefundene Passnummer zu. Der Akt bleibt liegen, er gibt die Daten durch, wir kehren zurück zu den laufenden Wagen. Dort eine harmlose Überraschung. Zwei Reporter warten bereits auf uns, sie fragen und fotografieren. Ich schnorre eine Zigarette.

Die Polizisten sind freundlich und machen Mut. Nachdem ich noch den Haufen rostiger Tonnen gezeigt habe, hinter dem ich (angeblich) mein Gepäck versteckt und vor einer Stunde (angeblich) hervorgeholt habe, ist alle Skepsis aus ihren Gesichtern verschwunden. Auch meine eigenen, heimlichen Fragen weichen zurück: Ob ich mich nicht übernommen habe an etwas, das einige Nummern zu groß geraten ist? Ich weiß es nicht. Jedenfalls erhole ich mich rasch.

Bald kommt uns Verstärkung entgegen. Nun haben wir vier Scheinwerfer und 26 Männeraugen. Das reicht. Nichts entgeht ihnen, nicht das Ticket, nicht der Ausweis, beide keine zehn Schritte vom „Tatort" entfernt. Wäre ich imstande gewesen, ich hätte Sergeant Wong, den wunderbaren kleinen dicken Sergeant Wong, in uferloser Dankbarkeit umarmt. Aber ich blute noch immer und so schüttle ich nur ergriffen seine Rechte.

Weiter zur Western Police Station. Erste Hilfe und ein Kaffee. Hinterher gebe ich aufgewühlt, doch gefasst eine detaillierte Beschreibung des „Tatvorgangs". Alles hatte ich zuvor millimetergenau in meinem Kopf zurechtgelegt. Die sonst so argwöhnischen Herren zeigen jetzt großes Vertrauen zu mir. Der malträtierte Körper und die Not im Gesicht. Kein Zweifel, wieder wurde ein ahnungsloser Fremder Opfer des rohen Hongkonger Alltags.

Ein letzter Widerhaken. Eine Kopie des Protokolls bekomme ich erst morgen Vormittag, wenn der Copyshop öffnet. Ich übe mich in Geduld. Um 22.15 Uhr bin ich entlassen. Noch ist der Coup nicht perfekt, eine Menge Unwägbarkeiten stehen noch aus, von Entwarnung keine Rede.

Auf dem Western Market tausche ich mein strapaziertes Hemd gegen ein T-Shirt. Dann suche ich die kürzeste Wegstrecke, laufe sie entlang, stelle beruhigt fest, dass ich genug Zeit habe, um morgen rechtzeitig an vereinbarter Stelle zu sein. Ich rufe im Hotel Ming an:

„Cathy, alles ok?"

„Alles ok. Und bei dir?"

„No problem."

„Du bist schrecklich."

„Ich weiß, aber was soll ich machen."

„Bleibt es bei unserer Verabredung, morgen um 9.45 Uhr?"

„Ja, wie besprochen, morgen um 9.45 Uhr."

Drüben auf Kowloon gehe ich noch etwas essen. Dann eine Unterkunft suchen, ein Bett in einem winzigen Zimmer ist schnell gefunden. Ich schlafe schlecht, die Haut brennt, mein

Kopf muss nachdenken, muss noch zähe Vorarbeiten für den nächsten Tag leisten.

6.30 Uhr aufstehen. Minuten später das erste Hindernis. Die Rezeption ist nicht besetzt und die Eingangstür verschlossen. Es dauert, bis ich begreife, dass sie nur automatisch funktioniert. Es dauert dreimal so lang, bis ich den in einer Schreibtischschublade montierten Auslöserknopf finde.

Auf der Polizeistation muss ich warten. Als nach über einer Stunde der Kopierladen noch immer nicht öffnet, werde ich dringlich. Mein Flugzeug geht und das Protokoll brauche ich, um, wie ich notlüge, „in Deutschland eine kostenlose medizinische Versorgung meiner Verletzungen zu erhalten." Kein Wort von meiner Reisegepäckversicherung. Doch die Beamten der Morgenschicht sind an einem solchen Papier nicht interessiert. Schadet nur dem Ruf der Stadt. Zudem: Die zwei Gangster sind längst unauffindbar. Wozu also? Eine überflüssige Pflichtübung, da ich morgen als Randnotiz in der Zeitung vorkomme und abends in der Registratur verschwinde. Abgelegt bis zum Jüngsten Tag.

Doch ich bestehe, zeige meine Wunden. Das Mitleid packt sie. Das Protokoll wird nochmals geschrieben. Und ich diktiere, vom Blatt. Der Mensch an der Schreibmaschine freut sich über meine Hilfsbereitschaft, und ich habe gleich Gelegenheit, die gestrige Fassung noch um Nuancen zu verbessern. Kaum ist das Diktat beendet, wird der Mann abgerufen. Irgendwo ein Grosseinsatz. Das Büro leert sich und ich nutze die Gunst der Stunde. Das Beiblatt, die Liste der „abhanden" gekommenen Gegenstände, schreibe ich selbst in die Maschine. Von der Fotoausrüstung über Taperecorder und Feldstecher bis zum Elektrorasierer. Alles erstklassig und sündteuer. Am Ende finde ich einen imposanten Stempel, stemple, kopiere die nächstbeste Unterschrift.

Auf dem Weg nach draußen hält niemand mich auf. Außer Sichtweite beginne ich zu rennen, bis zur Central Station. Mit der Subway durch die Meerenge von Kowloon. Am Tsin-Sha-Tsui-Stop nach oben. Weiterrennen zur Cameron Road. Vier Minuten vor 9.45 Uhr biege ich um die Ecke. Cathy sieht mich, winkt ein Taxi, steigt ein und fährt auf mich zu, ich nehme neben ihr Platz. Weiter zum Flughafen. Schrecksekunde über meinen blutdurchsickerten Verband. Kurze Erfolgsmeldung. Wie vereinbart, hat meine Freundin nur eine Reisetasche im Kofferraum. Meine billige Wäsche hat sie weggeworfen. Ich darf nichts mehr besitzen. Dreihundert Meter weiter steige ich wieder aus, nehme ein eigenes Taxi. Wir werden uns nicht kennen, solange wir nicht abheben Richtung Frankfurt.

Noch einmal der gefolterte Herzmuskel. Schon stehen wir zur Abfertigung bereit, als über Lautsprecher mein Name aufgerufen wird: „Mister Altmann, please contact the information desk." Zweimal höre ich den fürchterlichen Satz. Im Vorübergehen ein Seitenblick auf Cathys starres Gesicht. Die Polizei, wer sonst? Der ganze Schwindel aufgeflogen. Ein Jahr Bunker im berüchtigten Stanley Gefängnis ist nun fällig, zum Nachdenken über bürgerliches Wohlverhalten.

Von all dem nichts. Per Computer bin ich in der Ersten Klasse gelandet. Ein hübscher Formfehler, eine Banalität, rasch geklärt. Trotzdem schlage ich vor, dass wir abheben. Meine Nerven benötigen dringend eine Luftveränderung.

Und wir fliegen. Insgesamt vierundzwanzig Stunden lang. In denen Glückswellen durch meinen Körper ziehen, in denen ich meine harmlosen Wunden wie Insignien eines Sieges mit mir herumtrage. Wieder höre ich mein Herz, wieder spüre ich die Angst, wieder bin ich auf intensivste Weise am Leben.

Nachwort, nein, Danksagung: Die Herren von der Versicherung haben gezahlt. Den genau anvisierten Betrag. Nach langem, trickreichem Papierkrieg kapitulierten sie. Zähneknirschend, vermute ich. Aber ich lieferte eine wasserdichte Story, das Protokoll war tadellos, ohne das leiseste Verdachtsgeräusch. Zudem organisierte ich – wieder getürkt – die geforderten Rechnungen und Belege.

Zuerst wurden die Kredite bei den Freunden abgetragen. Mit dem Rest gingen Cathy und ich einkaufen. Als Ganovenbraut hatte sie Anspruch auf einen Teil der Beute. Sie entschied sich für ein Kleid von Balmain. Es passte zu ihr. Es war elegant und exklusiv.

Magic Mushroom

In einem Coupé der Transsibirischen Eisenbahn hatte die Bewunderung für diesen Mann begonnen. Er ließ die Hose herunter und holte aus seinem geheimnisvollen Körper ein mit Alufolie und Bindfaden verschnürtes Päckchen. Darin lag wohlriechend ein *Grüner Türke*, würziges Haschisch aus Istanbul. Tapfer von dort in die Taiga geschmuggelt. Wir rauchten den Pot und ich lernte jemanden kennen, der die drei wichtigsten Gaben besaß: Großzügigkeit, Mut, Heiterkeit.

Fünf Jahre später sah ich Drake wieder. Wir trafen uns diesmal in Kanada, in der kleinen, viereckigen Stadt, wo er lebte. Ich hatte Angst, dass sein Dasein als Businessman ihn ruiniert hätte, er inzwischen dem Weg allen bürgerlichen Fleisches gefolgt, ja, unberührbar geworden wäre für die Frechheiten und Heldentaten seines früheren Lebens. Aber die Angst verflog in Sekunden. Ein Blick genügte und ich wusste, dass noch alles intakt war. Auch die drei großen Tugenden.

Wir hatten nur eine Nacht. Und die wollten wir nutzen. Meinen Rucksack stellte ich im Haus der Eltern seiner Freundin Bonnie ab. Platz zum Übernachten gab es hier, bei Gott. Ein witziger Alptraum in Rosa. Ein bärenfelldicker Teppichboden und vier Bäder, fünf Fernseher, drei Kamine, ein Whirlpool, eine Sauna, ein Schwimmbecken, zwei Wohnsäle, sechs Schlafzimmer, zwei Esszimmer, drei Garagen. Und mittendrin ein doppeltüriger Elephantenkühlschrank in einer One-million-dollar-kitchen. Hier wohnten Vater Ted und Mutter Jane. Sie hießen mich herzlich willkommen. Dann schlugen sie vor, uns drei ins Golden Inn zu schleppen, wo die Stadt das jährliche *Octoberfest* feierte. Ich blickte verschreckt Richtung Drake, der ein schnelles Zeichen machte, Subtext: „Relax, no problem!“

Der 35-Jährige hatte bereits für alles gesorgt. Ein paar Schritte hinter der Rezeption bogen wir zu dritt links ab, zur Männertoilette. Die ahnungslosen Eltern marschierten nach rechts, direkt auf den reservierten Tisch zu. Und wie vor fünf Jahren versperrte Drake sorgfältig die Tür der Toilette und öffnete grinsend seinen Hosengürtel. Diesmal kam ein Wunderwerk zum Vorschein, ein Edelstoff aus Mexico: *Magic Mushroom*. „Just chew and swallow." Und wir kauten und schluckten. Bonnie murmelte: „Trau niemandem, der keine Drogen nimmt."

Nach zwanzig Minuten betraten wir den Tanzsaal. Was wir sahen, rechtfertigte den Gebrauch aller Drogen dieser Welt: Eine jodelnde Band in Lederhosen. Und davor ein großer Haufen original bayerisch maskierter Kanadier, die Freude schäumend Gamshut, Kuhglocke und Maßkrug schwenkten und zwischendurch immer wieder losrannten und als Schuhplattler übers Parkett trampelten.

Drake hatte Recht. Nur eine Stunde mussten wir den beißenden Bierdunst ertragen, dann war der magische Pilz ganz oben im Hirn angekommen und lähmte unseren Hohn. Bald verziehen wir jedem, waren mit jedem einverstanden, fanden alle die dampfenden Dicken und Dünnen majestätisch und erhaben wie Buddha. Keiner von uns leistete mehr Widerstand.

Das schien nur der Anfang der Magie. Magic Mushroom zauberte weiter, erreichte den Bauch, reizte in immer kürzeren Abständen unser Zwerchfell. Was lustig anfing, wurde bald peinlich. Weil wir lachten und keinem sagen konnten, warum. Eine Leichtigkeit fuhr durch unsere Körper, die kein anderes Gefühl zuließ als dieses sinnlose Gelächter. Wir hatten Glück. Bonnies Eltern, selbst hinweg getragen von einer Welle unaufhörlich sprudelnden Alkohols, vergaßen uns. So war Gelegenheit zu verschwinden. Die Droge lauerte in unseren

Leibern und instinktiv fühlten wir, dass der Höhepunkt noch ausstand. Eine andere Umgebung musste her.

Was für vorlaute Sätze ich da hinschreibe. Wir entschieden schon lange nichts mehr. Längst hatte das Rauschgift das Kommando übernommen. Es wusste, dass es andere Örtlichkeiten brauchte, um seine letzten Geheimnisse preiszugeben.

Wir zogen hinunter in den Keller des Hotels, in den *Lone Star Saloon*. Hier verkleideten sich die Kanadier als Cowboys. Breite Hüte, breite Gürtel, breite Stiefel, die ruhigen, lässigen Gesten. Country Music von den Mercy Brothers rieselte. Die Cowboys und ihre Cowgirls schoben sich bedächtig über die Tanzfläche.

An der Bar erwischte es mich. Ein wollüstiges Ziehen durchstrahlte meine Beine, sie schlenkerten. Ich musste mich festhalten, um nicht mit Genuss zusammenzusacken. Gleichzeitig ermahnte ich Bonnie, mir rechtzeitig Schneeschuhe zu besorgen, um später nicht abzusaufen im elterlichen Teppichboden. Der blöde Satz war der Startschuss. Ein erster krachender Lacher entfuhr unseren drei Mündern. Die coolen Cowboys blickten herüber. Zu spät. Der Mushroom kribbelte bereits in unseren Fußsohlen. Wir waren startbereit zum Abflug. Niemand konnte uns mehr erreichen, niemand mehr heilen vom Gift und vom Rausch, der nun wie ein Lauffeuer durch unser Nervensystem jagte.

Wir zogen nochmals um, wir gingen nicht, wir flogen. Rüber ins zweihundert Meter entfernte *Branding's*, einen Nachtclub mit Diskothek. Je zwielichtiger die Umgebung, so träumten wir, umso rasanter könnten wir uns gehen lassen. Die Cowboys waren o.k., aber halt Cowboys. Sicher nicht gerissen genug, um die vielen nutzlosen Lacher ohne Missverständnis zu akzeptieren. Irgendwann hätten sie uns auf den Kopf gehauen und wissen wollen, über wen wir uns hier lustig machten.

Aber auch das *Branding's* und seine schicke Bevölkerung waren dem Stoff nicht gewachsen. Wir entdeckten einen Fleischberg und tauften ihn „the man who was too steep". Selbst mit Schneeschuhen war er zu dick und zu steil, um erfolgreich bestiegen zu werden. Der Dicke fand das gar nicht witzig und forderte uns auf, „to stay just fuckin' normal."

Das hätte er nicht sagen sollen. Wie Missiles rasten nun die Lachsalven aus unserem Bauch. Drake umklammerte seinen Brustkorb, um nicht zu platzen. Wir wurden so lustvoll strapaziert, weil uns nichts absurder schien als der Zustand der Normalität, nichts waghalsiger und halsbrecherischer. Das verschluckte Gift impfte uns gegen jede Schwerkraft. Wir schwirrten und schwebten, während die anderen tonnenschwer auf der Erde zurückblieben.

Wir räumten das *Branding's*. Wir brauchten ein Ambiente, das alles erlaubte. Das stark und verrückt war wie der Magic Mushroom. Einen Freiraum, wo nichts im Weg stand. Keine Moral, keine Hausordnung, keine Sehnsucht nach dem Alltag. Einen Ort eben, der alles aushielt. Das Fieber in unserem Blut stieg, eine Intensivstation musste her.

Drake wusste sie. Er nahm uns an der Hand und fuhr los, Richtung „Steve's house". Dort, so versprach er, gäbe es keine falschen Bayern, keine echten Cowboys, keinen, der normal bleiben wollte. Die kurze Fahrt durch die kleine Stadt entpuppte sich als schwierig. Alle unsere sechs Beine zappelten. Abwechselnd bediente einer das Gaspedal, der andere die Bremse, Bonnie beugte sich nach vorn und riss an der Gangschaltung. Kavalierstart und Vollbremsung. Dazu kamen unsere wiehernden Oberkörper, nicht weniger unkontrollierbar als die närrischen Unterleiber. Mit einem letzten Bocksprung landeten wir vor einem flachen Holzhaus, Steve's house.

Musik röhrte, die Tür stand offen, im Wohnzimmer saßen Ed und Mike, beide Studenten. Und Clark, ein tapsiger Dinosaurier mit knapp drei Zentnern Kampfgewicht, arbeitslos. Alle drei waren Freunde von Drake und Bonnie. Steve, der Besitzer, fehlte, er arbeitete noch. Keiner warnte uns, aber jetzt, kurz nach ein Uhr früh, begannen ein paar der intensiveren Stunden unseres Lebens. Jeder hatte etwas geschluckt, jeder war bereit, und das war der Ort, der alles hinnehmen würde.

Diesmal legte Bonnie die Zündschnur. Sie zog eine vom *Octoberfest* geklaute Kuhglocke hervor und läutete die erste Runde ein. Das Geräusch allein hätte gereicht, um uns – ein Dankgebet seufzend – zu Boden zu schicken. Die Schöne verschlimmerte den Zustand, indem sie dramatisch ausrief: „For whom the cowbell tolls", absurde Anspielung auf Hemingways „Wem die Stunde schlägt". Und uns schlug die Stunde. Nicht die tödliche, nur die allerlebendigste. Drake kroch in die Küche, um auf dem glühenden Elektroherd ein paar Gramm Haschisch zu erhitzen. Gedacht als Nachtisch für die Hauptspeise Magic Mushroom. Und Baby Clark, „the coloss", legte los. The Late Night Show begann.

Sein Ziel war klar und übersichtlich. Steves Bude in eine Bruchbude zu verwandeln. In persönlicher Bestzeit erreichte der 145-Kilo-Mann seine Hochform. In Windeseile lag die Stehlampe als Alteisen am Boden. Als Drake mit den heißen Kügelchen auftauchte, hatte sein Freund bereits durch energisches Wippen den Polstersessel von Rückenlehne, beiden Armstützen und drei Füßen befreit. Ähnlich demoliert sah Minuten später die Couch aus. Clark streckte sich anschließend grunzend vor Vergnügen auf dem Teppich aus und suchte nach Gegenständen, um die längst fällige Stereoanlage zu bombardieren. Bei jedem Volltreffer läutete Bonnie heftig die

Glocke. Keinem von uns war mehr zu helfen. Erledigt von unseren willenlosen Körpern und der fehlenden Einsicht, dass hier irgendetwas beschützt und bewahrt werden sollte, empfanden wir Clarks Kahlschlag als sinngebend, wälzten uns freudeschlotternd am Boden, nur für Momente von der hysterischen Angst bedroht, an Wollust zugrunde zu gehen. Oder ausgelöscht zu werden von einem Herzinfarkt, einem Magendurchbruch, zwei platzenden Lungenflügeln.

Der einsamste Höhepunkt dieser Nacht stand noch aus. Es war der Augenblick, in dem Steve, Mechaniker bei Greyhound und Wohnungsbesitzer, von seiner Nachtschicht zurückkam und die Tür öffnete. Und sich ihm folgende Aussicht bot: Verschieden große Bierlachen, der zertrümmerte Sessel, ein ehemaliges Sofa, die zerlegte Stehlampe, ein heruntergerissener Vorhang, die im Niedergang begriffene Stereoanlage, die haschgeschwängerte Küche und ein halbes Dutzend Erwachsener, die ihn – in den verschiedensten Stellungen befindlich – mit wimmerndem Schluchzen begrüßten.

Steve brach alle Rekorde. Er war bereits jenseits von Menschenleid und Habgier. Wo andere vielleicht nach tausend Jahren Zazen ankommen, dort war er bereits. Nie wieder habe ich einen Mann souveräner erlebt. Er war eine Million Lichtjahre weiter als wir. Weil wir noch rauchen und schlucken mussten, weil wir noch Chemie brauchten, um leicht und mühelos zu werden. Steve sah die Sintflut, grinste, ermahnte grinsend Clark (von der Sinnlosigkeit des Aufrufs längst überzeugt) und holte ein Budweiser aus dem Kühlschrank. Und schaute uns zu. Er hatte uns verziehen, johlend feierten wir weiter, es gab offensichtlich keinen Grund, mit unserer Orgie röchelnder Lebenslust aufzuhören.

Irgendwann im Morgengrauen verzog sich die Magie. Wir kehrten zur Erde zurück, von der wir eine Milchstrasse oder ein Gramm Magic Mushroom entfernt waren. Wir landeten weich. Eine menschenfreundliche Droge, kein heimtückischer Stoff, der einen Höhenflug mit einem Absturz bestrafte. Manchmal gurgelte noch ein Lacher nach oben, reizte schmerzhaft die innig geschundenen Gesichtsmuskeln, mehr nicht. Das Ende war reiner Friede, behütet von der Gewissheit, eine wunderbare Nacht miteinander verbracht zu haben.

Unbeschwertes Auseinandergehen. Als wir zu dritt ins Auto stiegen, entdeckten Drake und ich im ersten Zwielicht den schönen, lippenstiftverschmierten Mund von Bonnie. Anmutiges Zeichen von Ausdauer und Hingabe, mit der wir sie die letzten Stunden über geküsst hatten. Und sie uns. Drake teilte noch immer alles mit denen, die er liebte. Er war der Heilige von uns, die heilige Dreifaltigkeit, er war Großzügigkeit, Mut, Heiterkeit.

Schreie und Flüstern

When a woman loves a man

Das ist die Story von O., einer Frau, mit der ich befreundet war. Irgendwann fing O. zu erzählen an, und irgendwann schrieb ich mit. Erst zögerlich, nicht wahrhaben wollend, was ich hörte. Bis ich begriff, dass sie von ihrer Wirklichkeit sprach, von einer sagenhaften, wüsten, ja, urkomischen Wirklichkeit. Und ich begriff, dass man sie aufschreiben musste. Schon aus Bewunderung für jene, die von ihrer Freiheit nicht lassen wollen. Und aufschreiben, damit andere Frauen sie nachlesen. Als Aufklärungsschrift, als Warnschuss, als den zum Schreien aberwitzigen Tatsachenbericht einer in die Hölle abgestürzten Liebe. Das folgende „ich" gehört O., der Frau, die davonkam.

Meine Geschichte soll Freude machen. Und Mut. Eine Geschichte von drei Jahren Irrsinn aus dem Leben einer Frau und eines Mannes. Ich bin diese Frau und wenn ich heute an diesen Mann denke, so bleibt mir für einen Augenblick das Herz stehen. Um dann umso heftiger weiterzuschlagen. Weil ich anfange zu lachen. Weil ich platze vor Stolz. Stolz über mich, die ich so lange am Saum eines geisteskranken Männerhirns entlangtaumelte und alles überlebte. Nur wahrhaft reicher geworden bin um das Wissen über die Abgründe des Menschenherzens. Schon erstaunlich: Nichts ging verloren, auch nicht meine Begabung, Männer zu mögen und zu begehren.

A. war nicht schön, nicht hässlich. Ein vierzigjähriger fester, sehniger Körper, Normalgröße, eine gute Sprache, Dozent für Elektrotechnik. Eindrucksvoll war seine Art, ohne Umwege und Verzögerungen ordnend in mein Leben einzugreifen. Geldanlage, Steuererklärung, ein lästiger Prozess mit einem früheren Arbeitgeber wegen ausstehender Gehaltszahlungen. Was mich seit Jahren belastete, erledigte A. in wenigen Wochen. Wie beruhigend schien mir das Auftauchen eines Menschen, der zielstrebig meine Existenz aufräumte.

So ging alles gut die ersten Monate. Nur manchmal entdeckte ich flüchtige Indizien eines wunderlichen Benehmens, denen ich aber nicht nachging. Wohl aus Trägheit, wohl in der leichtfertigen Überzeugung, mich getäuscht zu haben.

Als wir am Ende des ersten Jahres heirateten, war die Schamfrist vorüber. Jetzt spürte ich schlagartig, welch schier übermenschliche Kraft dieser Mann investiert hatte, um den Teufel in sich zu bändigen, und mit welch erlösender Genugtuung er nun aus sich herausließ, was unaufhaltsam aus ihm heraus musste.

Ich denke nicht, dass irgendein Wesen auf unseren Breitengraden existiert, das auf radikalere und unvorhersehbarere Art als er versuchte, diesen Trieb nach materieller Keuschheit und unbedingter Entsagung auszuleben. Keiner wird mir glauben, wenn ich hier von dem uferlosen Reichtum an Phantasie, Raffinement und spektakulärem Sadomasochismus erzähle, mit dem A., dieser nun maßlos gewordene Geizkragen, sich anschickte, unser gemeinsames Leben einzurichten auf den Grundpfeilern der Buße, des Irrwitzes und den Ekstasen der Lächerlichkeit.

Wo anfangen? Ich weiß nicht mehr, welche seiner Misshandlungen schwer wiegt und welche schwerer. So will ich der Reihe nach aussagen und alles veröffentlichen. Sollen andere entscheiden, was noch als menschenmöglich gilt und was nicht.

Nach dem Hochzeitsessen mit zwei Trauzeugen – einer Brezel, einem Glas Bier und einem Paar Weißwürsten pro Person – zogen wir in eine seiner beiden Eigentumswohnungen, die nun sogleich umgerüstet wurde. Am Telefonkasten installierte A. eine Stoppuhr. Ferngespräche durchgehend untersagt. Im Stadtbereich waren jedem von uns zehn Mal acht Minuten erlaubt. Das entsprach exakt der Anzahl der zwanzig kostenlosen Einheiten. So betrug unsere Telefonrechnung grundsätzlich 27 Mark Grundgebühr. War sie höher, wurde sie mit einem grimmigen, zur Begleichung der Mehrkosten zwingenden Blick an mich weitergereicht.

Regeln der Nahrungsaufnahme wurden festgeschrieben: Der penible Zeitraum innerhalb dessen und die Konditionen, unter welchen Lebensmittel zuzubereiten und einzunehmen waren. Nebenbei hatte ich strengstes Kochverbot und es war ausschließlich A. vorbehalten, Samstag und Sonntag ein bescheidenes Mahl bereitzustellen. Ansonsten ernährten wir uns kalt. Außertourliche Kalorienzufuhr war untersagt. Nicht einmal eine Extratasse Kaffee wurde genehmigt. Nicht nachmittags, nicht abends. Die Lagerung von Naturalien erfolgte selbstverständlich auf dem Fensterbrett. Nur in sommerheißen Notzeiten verlagerte er die Margarine und die Milch in den sonst leer stehenden Kühlschrank.

Ich will es gestehen: Eine Zeit lang war ich fasziniert von seinem Tun und Lassen, diesem unbarmherzigen Willen, sich bis zur Selbstaufgabe zu kasteien, dieser Sucht nach einem unabhängigen Körper, der mit einem Minimum äußerlicher Zuwendung gesund und belastbar überlebte. A.'s Leib war straff und biegsam, seine sexuelle Kraft häufig und zuverlässig. Ich wollte leben wie er, wollte mein Fleisch überwinden und stolz sein können auf eine karge, einfachste Existenz. Seine Ideologie, verbreitet mit Hilfe einer souveränen Sprache, hatte etwas Verführerisches: Absolutes Rauchverbot, die einzige Tasse Kaffee, ein Minibudget für Kleidung, die strikte Verweigerung von Ruhepausen, all das stählte auf unübersehbare Weise seine Kräfte. Dass er sogar per Fahrrad innerhalb der Stadt seine eigene Post ausfuhr, hatte etwas Überwältigendes.

Erst als mir klar wurde, dass ich ein solcher Mensch nicht war, dass mein leichtsinniges Herz und mein heiterer Umgang mit den Dingen des Lebens nicht umerzogen werden konnten, weder durch Moralpredigten noch durch Prügelstrafen, erst als ich das alles begriffen hatte, begann sich mein Widerstand zu organisieren, und unser Dasein schlitterte ins Inferno eines sadistischen Alltags.

Natürlich änderte auch A. sein Verhalten. Sobald er sah, dass ich die demütige Haltung der begeisterten Schülerin aufgab, erarbeitete er ein Programm physisch-psychischer Daumenschrauben, mit deren Hilfe er skrupellos nachlegte.

Eine furiose Eifersucht brach aus. Ein persönliches Treffen, sogar Telefongespräche mit jeder Art von Bezugspersonen standen auf der schwarzen Liste: Eltern, Verwandte, Freunde. Männerfreunde wurden überhaupt nicht aufgelistet, so jenseits aller Vorstellungskraft lag ihr Vorhandensein. Selbst seine eigenen Bekannten kamen in die Schusslinie. Er legte mich trocken, hungerte sie aus – meine Lust auf Menschen, auf Zuhören und Mitreden.

Ein eisiger Winter begann. Kein Pfennig wurde verheizt. Dafür mit Holzwolle, Filz und Pappe die Fenster abgedichtet. Mit Mütze, je drei Pullovern, Pelzschuhen und Mantel saßen wir in unserer eigenen Wohnung. Zwei erwachsene Menschen, beide mit einem gehobenen Einkommen, hockten – mitten in einem der reichsten Länder der Welt – wie zwei bis oben hin vermummte Vogelscheuchen bei Temperaturen knapp über dem Gefrierpunkt auf einer Wohnzimmercouch.

Bald konnte ich nicht mehr unterscheiden zwischen einem rasend gewordenen Traum und einer traumatischen Wirklichkeit. Verschärft wurde dieser Eindruck durch die Tatsache, dass wir am Schreibtisch dicht nebeneinander klebten, um im Lichtkreis der einzig gestatteten Lampe zu arbeiten.

Hinterher kamen neue Herausforderungen. Wie ein siamesisches Zwillingspaar deplazierten wir uns vom Schreibtisch wieder zurück auf das Sofa. Zur Lesestunde. Der Weg dorthin vollzog sich im Dunkeln, da wir inzwischen die eine Lampe ausgeschaltet hatten, um die andere, die so genannte Leselampe, einzuschalten. So schlichen wir von einem Leuchtpunkt zum andern. Wie Diebe der Nacht huschten wir von Zimmer zu Zimmer. Nur benötigten wir keine Taschenlampen mehr, so leichtfüßig blind bewegten wir uns durch die Finsternis.

Ich spürte, wie sich der Modergeruch dieses perversen Lebensstils in mir verankerte. War ich allein zu Hause und bemerkte plötzlich, dass zwei Glühbirnen zur selben Zeit brannten, stürzte ich drauflos, als gelte es, ein offenes Feuer zu löschen. Ich tat, was mein Verstand für schwachsinnig und absurd erklärte. Aber ich war bereits bis in die Nervenspitzen konditioniert. Wie ein Pawlowscher Hund verspritzte ich mein Adrenalin bei der geringsten Missachtung der von A. herrisch niedergeschriebenen Gebrauchsanweisungen.

Nach einem halben Jahr zog ich aus. Für eine Woche zu meiner Schwester. Da ich auch Sport unterrichtete, hatte ich das wiederholte Bedürfnis, mich zu duschen. A. genehmigte nicht einmal eine kalte Brause. Ein Waschlappen war zu benetzen und damit der Körper abzureiben. Bis zu den Großen Ferien konnte ich mich fügen, gab es doch in der Schule die Möglichkeit, mich heimlich zu waschen. Auch aß ich hier verbotenerweise, trank den so innig vermissten Kaffee, überzog mit jedem Biss, mit jedem Schluck, mit jedem an meinem Körper verschwendeten Liter Wasser das Konto meiner Schuldgefühle.

Jetzt stellte ich A. ein Ultimatum. Woher ich die Kraft nahm, kann ich nicht sagen. Vielleicht meine Schwester, vielleicht mein unbeugsames Reinigungsbedürfnis: Entweder durfte ich ab sofort zu Hause duschen oder mein Auszug war endgültig. Zwei Tage später kam die Antwort. Und sie war verblüffend. A. brauchte die Zeit, um zu tüfteln, um auf Biegen und Brechen eine Lösung zu finden, die beide Fronten befriedigte, seine Raffgier und meinen Anspruch. So manipulierte er den Gaszähler, brachte ihn zum Stehen, wenn der Verbrauch auf kleiner Flamme lief. Nachts wurde nun ein Zehn-Liter-Topf auf den Herd gestellt und erwärmt. Dreimal die Woche. Ich ließ mich auf dieses Angebot ein und kniete mich montags, mittwochs und freitags in die Badewanne, während A. das kostenlose Warmwasser auf mich goss. Für ihn war es ein Hattrick: Ich war zurück, die Dusche umsonst und als überraschendes Nebenprodukt die triumphale Entdeckung, zukünftig auch spesenfrei kochen zu können.

Wie absehbar: A. suchte nach Rache. Eine Frau stellt kein Ultimatum. Selbst wenn sich eine solche Anmaßung in einen Siegeszug des Mannes verkehrte. Und die Rache war bitter. An den drei Waschtagen und den davor liegenden Nächten bestand rigoroser Liebesentzug. Keine Berührung, kein Sex, kein einziges warmes Wort. Zugegeben, ich litt. War das doch der einzige Bereich noch, in dem so etwas wie gegenseitiges Verlangen und Sehnsucht füreinander bestanden.

Aber es gab kein Zurück. Ich hielt der Erpressung stand. Ich wuchs, ich entdeckte das simple Menschenrecht, mich täglich brausen zu dürfen. So kroch ich still aus dem Bett und machte auch an den vier übrigen Nächten einen Eimer Wasser warm. A. entdeckte den borstigen Widerstand und ergriff Gegenmaßnahmen. Mit Liebesentzug war mir nicht mehr beizukommen, jetzt gab es eine Gewaltzulage. Mittels Fäusten, mitten ins Gesicht.

Ich zog wieder aus. Mit den dreißig Litern pro Woche hatte ich mich – nach Einführung des Faustrechts – schließlich abgefunden. Nicht aber mit der Weise, auf die sie verabreicht wurden. Irgendwann fühlte ich mich wie eine Schlachtsau, die kurz vor dem Fangschuss noch einmal kräftig abgespritzt wird. Ich registrierte den Verlust meiner Würde und ich registrierte A.'s höhnische Befriedigung beim Anblick seiner vor ihm knieenden Frau.

Mein Fortgehen bedrohte ihn. Wieder zerlegte er sein Technokratenhirn, um einen Ausweg zu finden. Keinen menschlichen, natürlich nicht. Es gab nur technische Antworten. So auch diesmal. Die Zubereitung des Wassers blieb dieselbe, illegal und zehnliterweise. Was sich änderte, war die Inbetriebnahme. A. montierte eine Gießkanne in die Dusche. Eine Art Handbrause zur Selbstbedienung. Ich zog an einer Kette und das Wasser begann auf meinen Körper zu sprühen. Ein Narrenspiel. In einer voll ausgerüsteten Dusche hing eine blecherne Kanne, deren Inhalt über acht Stunden mühselig erhitzt wurde, um endlich – linkisch und kompliziert – seiner endgültigen Bestimmung zugeführt zu werden. Aber immerhin stand ich jetzt aufrecht. Allein und ohne die hämischen Seitenblicke von A.

Dennoch, keine Gießkanne der Welt rettet einen auf den Grundformen der Paranoia etablierten Ehestand. Mit einem Menschen, der Schaum spie, wenn er erfuhr, dass man zwei deutsche Mark für eine Busfahrkarte verschwendet hatte, statt durch den strömenden Regen zu laufen, mit einem solchen Zeitgenossen war nicht zu leben. Diese verfrorenen Winter, diese ungewaschenen Sommer, diese hysterische Entsagung, diese ununterbrochene Abwesenheit von Freunden, unsere Blindgänge durch die Wohnung, mein von Schuldgefühlen zerfressenes Herz, nichts und niemand war fähig, eine solche an den Endstationen der Idiotie angesiedelte Existenz zu reparieren. Auch kein Therapeut, zu dem wir zuletzt gingen und der von einem Lachkrampf in den nächsten schleuderte, so amüsiert schien er von unseren Erzählungen.

Ich zog ein drittes Mal aus. Und diesmal für immer. Um uns über ein Jahr lang zu treffen, täglich. Mit bohrenden Diskussionen. Zwischen A., der nicht aufgeben wollte und sein gepanzertes Herz wie einen Sicherheitsgurt durch die Wirklichkeit trug, und mir, die von ihm schändliche Male gedemütigte Kuh, die noch immer bereit war sich zu versöhnen. Warum nur, warum? Diese typische Frauendummheit, die noch nach tausend Niederträchtigkeiten an die Wiederauferstehung der Liebe glaubt? Die Feigheit vor dem Alleinsein? Mein unerbittliches Verlangen nach Zärtlichkeit und Behütetwerden? Und wäre es die Wärme und der Schutz eines verhornten Seelenkrüppels? Ich weiß es nicht.

Das Ende passierte dramatisch und mit einem herrlich lang gezogenen Lacher. Meinerseits. Mitten in einer unserer zähen Friedensverhandlungen war A. plötzlich aufgesprungen und hatte sich mit winselnder Stimme an meinen Hals geworfen: „Ich kann ohne dich nicht leben. Bitte, bitte komm zurück!" Ich blieb gefasst und stellte nur eine Frage: „Darf ich mir ab und zu eine Tasse Kaffee kochen?" Kaum hatte A. das Fragezeichen gehört, überkam ihn ein Heulkrampf und er schluchzte, vibrierend am ganzen Körper: „Nein, nein, das geht nicht, das kann ich nicht zulassen."

In genau diesem Augenblick war ich von allem erlöst. Jetzt kamen auch mir die Tränen. Diesmal sicherer Beweis eines orgiastischen Gelächters, das umso unaufhaltsamer aus mir herausbrach, je mehr mir bewusst wurde, dass von dieser Minute an mein Leben in eine andere Richtung treiben würde, dorthin, wo es fröhlicher zuging, lässiger, großzügiger. Und dass sein Leben, das Leben von A., verloren war, zerbrochen an hundert Kubikzentimeter warmen Wassers.

Die Scheidung war nur noch eine Formsache. Ich (sic!) gab alles zu, wenn ich nur wiederbekam, was alles gutmachte: Meine Freiheit. Ich rekonvaleszierte. Nur manchmal ertappte ich mich dabei, eine zweite Lampe auszuschalten. Oder hörte den inneren Hader beim Stehen unter einer voll aufgedrehten Dusche. Kaffeetrinken zu allen erdenklichen Tageszeiten und Nachtstunden definierte ich als den reinsten Ausdruck von Glück.

Meine Freiheit gebe ich nicht mehr zurück. Auch nicht an den Mann, der jetzt mein Freund ist. Er heißt B. und gehört zu den hellblauen Männern, die ich so mag. Ach ja, A. schreibt zuweilen, per Fahrrad. Wie zu erwarten, ist er auf dem Weg in den siebten Kreis der Hölle. Was er darüber zu berichten hat, erkenne ich an den beigelegten Listen, auf denen er detaillierte, ins Fleisch schneidende Vorschläge zur Energieersparnis unterbreitet. Das ist dann der Moment, den ich schon früher erwähnte, jener Augenblick, in dem mir für die Hälfte einer Sekunde das Herz versagt, um sogleich freudezitternd wieder anzuspringen. Weil jetzt die Mandeln beben und ich lache, mit animalischer Wonne einen Mann auslache, der um ein Haar mein Leben vernichtet hätte.

Jeder Furz ein Abenteuer

Die Sprache ist eine elende Hure. Sie treibt es mit vielen. Hauptsache, der Kunde weiß das Alphabet auswendig. Dreißig lausige Buchstaben verlangt sie, nicht mehr. Dann darf es ihr jeder besorgen, jeder sie schwängern. Dass hinterher eine Missgeburt zum Vorschein kommt, will die Schlampe nicht kümmern.

Zwei Typen von Kundschaft treten an. Die professionelle Minderheit: Reihenweise Politiker und Würdenträger, die nur den Mund zu öffnen brauchen, damit wir uns sorgen müssen. Um die Sprache, um uns, um die ganze Welt.

Und es drängelt die Mehrheit, die Amateure: Das wären die Protzer, die Großgoscherten, die Maulhelden. Ihnen sei dieser kleine Text gewidmet. Was sie besitzen, sind die vielen gewaltigen Sprüche und das kleinlaute Leben. Ihr hitziger Beischlaf mit der Sprache tut ihnen gut, wie Matadore steigen sie anschließend von ihr hinunter. Ihr schmalbrüstiges Dasein hat auf einmal Format. Souverän – hier nicht unbegabter als die Profis – werfen sie mit den sensationellsten Wörtern um sich: Freundschaft, Mut, Herausforderung, Freiheit, Leidenschaft, Wirklichkeit, Wahrheit, Stolz, Ehre, Hingabe, Sehnsucht. Zu Schleuderpreisen gehen diese Preziosen über den Ladentisch. Männchen sprechen sich aus, träge Geschöpfe sondern Vokabeln ab, die nicht zählen, nichts wiegen, die immer gleich bleiben: abwaschbar.

Am rabiatesten richten sie ein Lieblingswort zu, das schöne, das dunkle, das muskulöse Wort *Abenteuer.* Orgien der Gewöhnlichkeit laufen heute unter diesem Begriff. Kaum organisiert jemand einen Waldspaziergang, lese ich davon in einer großen Tageszeitung unter dem aberwitzigen Titel „Abenteuer Freizeitgestaltung". Ein Herrenmagazin, nachdrücklich verlangt von „echten Männern", annonciert auf seiner ersten Seite „Lust auf Abenteuer". Ich stürze drauflos und finde inwendig zwei spektakulär ondulierte Fotomodelle, die unter der Überschrift „Outfits für Eroberer" geschmackvoll abgestimmte Viskosesocken von Valentino, handgebügelte Hemden von Fiorucci und ein tailliertes Seidenjackett von Jil Sander vorstellen. Sie stehen mitten im Urwald von Borneo und an ihren Fesseln tragen sie die raffiniert geschnittenen Sandalen von Kenzo. Als Alternative zu den edlen Rindslederstiefeln von Santini und Domenici.

Wie wahr: Verzappelte Würstchen betrachten hochgestylte Kleiderständer beim Vorführen aktueller „Abenteuer-Accessoires". Die intensive Bestätigung mit erlesen abgestimmtem Zubehör als Ersatz für ein lauwarmes Herz. Der Blick auf schmalzige Schönlinge im „Abenteuer-Look" als Aphrodisiakum für tote Hosen.

In einem anderen bunten Heftchen dürfen wir dabei sein, „wenn Helden reisen". Der Leser erfährt sogleich die „wichtigsten Geheimtipps, um sich auf abenteuerliche Weise fortzubewegen", ja, mit angehaltenem Atem erfahren wir, „was tun, um als richtiger Kerl seine eigenen Grenzen kennen zu lernen". Hier schreiben Hasardeure für Hasardeure.

Erbarmen mit diesen Dünnmännern. Ein Beispiel mag zeigen, wie peinlich der Aufprall ist, wenn die Realität nicht hergibt, was die so fett gedruckten Worte versprechen: „Motorradfahren in China" traut man sich anzubieten. Aber herdenweise, unter Aufsicht, zwei Wochen lang 250 Kilometer pro Tag auf nagelneuen BMW-Maschinen. Und abends ins reservierte First-Class-Bettchen. Das einzig Aufregende an diesem Kinderpopoausflug ist der Preis: Über 6.300 Euro für ein solches Abenteuerlein. Fürze, nasse Fürze im Wind.

Ein renommierter Verlag veröffentlicht unter dem Titel „Abenteuerreisen“ einen Sammelband. Ich besitze ihn sofort. Das erste Kapitel berichtet von einem Niederbayern, der ein rollendes Hotel erfunden hat. Weitere neununddreißig Abenteurer dürfen bei ihm mitfahren. Und „hautnah erleben“. Dazwischen deutsche Küche, Vollpension. Weiter hinten im Buch spaziert ein anderer Recke mehrere Stunden auf dem ausgelatschten Inka-Trail zum Machu Picchu. Den Höhepunkt liefert ein dritter Gigant, der für zwei Tage im Gefolge seiner Mitstreiter und unter der fürsorglichen Anwesenheit eines deutschen Aufsehers durch den „Dschungel am Äquator“ zieht, um die „Eingeborenen in ihren typischen Festgewändern“ heimzusuchen.

Und sie schämen sich nicht. Nicht für das schamlose Ablichten von „Wilden“ (doch das ist ein anderes Thema), nicht für den schamlosen Missbrauch eines Worts, das allemal zu gewaltig ist, um die läppischen Spritztouren dieser Sonntagsausflügler zu beschreiben.

Diese monströse Verschwendungssucht von Superlativen, diese eiskalte Hinrichtung eines sagenhaften Worts. Der Daddy-Tourist mit einmal sechzig Minuten freiem Auslauf pro Tag gilt als „Abenteurer-Urlauber“. Das Foto der Gattin, den Häuptling umarmend, als Nachweis für die „aufregende Begegnung mit fremden Kulturen“.

Aber es geht noch billiger. „A Shopping Adventure“ für jeden, der den Weg zum nächsten Kaufhaus schafft. Das „Abenteuer-Auto“ für jeden, der „mehr will“. Wo andere resigniert in öffentliche Verkehrsmittel flüchten, fordert unser Out-of-Africa-Verschnitt das Schicksal heraus. Mit Tierschutzgitter, Vierradantrieb und Sturzbügel schlägt er sich durch. Vom Wannsee zum Kurfürstendamm.

Neben dem Zorn über den Raubbau der Sprache noch ein anderes Gefühl: heftiges Mitleiden beim Betrachten dieser

„Siegertypen", deren Aufregungen auf dem Millimeterpapier Platz haben. Das unwiderrufliche Bedürfnis, ihnen eine warme Decke überzuwerfen. Damit sie nicht in Tränen ausbrechen, wenn es zieht und der Wind geht.

Ich bin gegen alle Verharmlosung dieses einmaligen Wortes. Ich mag ihn nicht, diesen ordinären Nuttengeruch, der jetzt an ihm klebt. Weil jeder Mehlsack sich rotzfrech an ihm vergreift. Es riecht zu gut, als dass man es aushielte in der Nähe asthmatischer Sparkassenexistenzen.

„Was ist Glück?", wurde Freud einmal gefragt. Und der damals 73-Jährige antwortete: „Einen Kindertraum erfüllen." Die Welt wäre sinnlicher, wenn wir ein paar unserer Träume ins Erwachsenenleben gerettet hätten. Wohl eher nicht. Dafür haben wir – verdämmernd unterm Sirenengeheul nach immer mehr Plunder – das achthundert Jahre alte Wort *abentiure* („Wagnis") ordentlich zugerichtet. Damit uns die Zunge nicht fault, wenn wir es in den Mund nehmen.

Die Beule

Ich wollte das Fliegen lernen. Und stürzte ab. Ich wollte leicht sein. Und landete im Dreck. Ich wollte sein wie Buddha oder Bond. Easy, cool, ein Lächler. Einer, der Dinge erledigt, die er versteht. Und von Dingen lässt, die andere besser können. Aber ich war nie 007, nie Gautama, war immer nur ich.

In der amerikanischen Pädagogik gibt es den Ausdruck „negative learning“: um die Welterfahrung derjenigen zu bezeichnen, die länger brauchen als andere. Statt geradewegs auf ein Ziel zuzugehen, machen sie Umwege. Sie lernen „negativ“, sie lernen das, was sie *nicht* wollen. Erst dann – haben sie Glück – finden sie, was sie bejahen. Die Intelligentesten unter den Langsamen werden gar „late bloomers“: Jene, die spät blühen.

Ich blühte nie, ich lächelte nie. Sagen wir, ich blühte und lächelte nie so wie die Herren Buddha und Bond. Wehmütig blickte ich sie an, ihr Geheimnis schien mir für immer verschlossen.

Bis die Beule kam. An einem heißen Sommervormittag in Paris. Mit ihr kam das Glück, die Erleuchtung, dieser selige Zustand von Bescheidung und Erkenntnis. Zehn Wochen lang war ich vor dem Eintreffen der Beule mit Rucksack in Asien unterwegs gewesen. Und in keiner Sekunde während dieser Reise kam so viel Helligkeit und Klarsicht über mich wie jetzt. Keine Begegnung und keine Versenkung verschaffte eine solche Einsicht. Diese 11.36-Uhr-Beule war der Moment, in dem ich glücklich und verbeult die Konsequenzen zog und beschloss, nie wieder Hand anzulegen. Als Handwerker. Eben jener Augenblick, ab dem die Umwege, ach, die Irrwege, Vergangenheit sein sollten. Auch der Irrglaube, ich könnte schwungvoll einen Nagel in die Wand treiben. Ohne den Nagel oder die Wand oder beides zu ruinieren.

In Bruchteilen einer Sekunde entschied ich, anders zu werden. In dieser Wohnung, meiner dreiundfünfzigsten, sollte das Leid ein Ende haben. Jene Beule – zugefügt beim linkischen Ausholen mit einem Hammer –, die allerletzte in einer langen Serie sinnloser Beulen, sie endlich trieb mir den Hochmut aus. Jetzt war ich bereit, abzulassen vom eigenmächtigen Wände-Pinseln und Regale-Hämmern. Jetzt, dunkelgrün geschwollen und dämmernd vor Schmerz, wurde mir plötzlich klar, dass der Erleuchtete und Jimmy nie bastelten und dass meine Hände – sollte irgendein Nutzen in ihnen sein – unter diesen Umständen zu nichts anderem taugten als die Gelben Seiten durchzublättern und nach einem Handwerker zu telefonieren.

Und so geschah es. Monsieur Duchatel versprach, umgehend vorbeizukommen. Und er kam, sofort. Offensichtlich kannte er sich aus mit Typen wie mir. Talentlose Wichtigtuer, die sich als Selfmademen aufspielten. Souverän griff er ordnend in mein Leben ein und konfiszierte Hammer und Beißzange. Um mich zu entwaffnen. Erst jetzt war ich vor mir sicher. Ohne ein weiteres Wort zu verlieren, wandte sich der Meister seiner Arbeit zu und begann mit der Reparatur meiner Irrtümer. Ich war fristlos entlassen. Heiter und entstellt trat ich hinaus ins Freie. Die Heiterkeit hatte Gründe. Ich sah mich um und bemerkte, dass wir alle drei blühten und lächelten. Links der Leuchtende, rechts der Unbesiegbare und ich – wunderbar aufgehoben – in der Mitte.

Die Leere

„Come back“, ruft er. Ich schrecke zusammen. Verstörter Blick auf den Mann, der vor mir steht. Jäh erinnere ich mich: Meditationsstunde in einem buddhistischen Tempel in Kyoto. Ich habe das Schlagen der Hölzer überhört, die das Ende der Sitzung ankündigen. Und Mönch Genko-san kam an meinen Platz, um mich zurückzuholen in die Gegenwart.

Solche Situationen wiederholten sich. Öfters. Ich war hierher gekommen, um nur nach *einem* Zustand zu suchen: im Augenblick zu leben. Ich suchte nicht nach Gott, nicht nach Erlösung, nicht nach letzten Antworten, ich suchte einzig nach diesem sagenhaften Ort, der Jetzt heißt. Nicht mehr in der Vergangenheit zu streunen, nicht mehr in die Zukunft zu flüchten, sondern: im Präsens zu leben, präsent zu sein. Hatte ich Glück und viel Kraft, so war ich das. Sagen wir zwei oder drei Minuten pro Tag. Die restliche Zeit war ich abwesend. Entweder in meinem Kopf oder in meinem Körper. Selten, dass die beiden sich am selben Platz aufhielten. Ich war wie 98 Prozent der Menschheit, ich war nicht „da“.

Als ich nach acht Monaten Kloster und Stillsitzen wieder in Europa lebte, wusste ich immerhin, dass ich mich permanent vor der Gegenwart drückte. Das war ein Gewinn. Die meisten wissen nicht einmal das.

Ich hatte noch ein zweites Geschenk bekommen, völlig unbemerkt. Wie eine Droge mit langer Inkubationszeit hatte es sich in mir ausgebreitet. Ich vermute in der Zeit, als ich dasaß und mit halb geschlossenen Augen auf den Boden des Dojo, des vollkommen leeren Meditationsraumes, starrte. Eben in jenen endlosen Stunden, in denen ich versuchte, das Hirn zu leeren vom Müll belangloser Gedanken. Erst jetzt bemerkte ich es. Ein erstaunliches Geschenk.

Es war der Tag, an dem ich nach dem morgendlichen Aufwachen wie selbstverständlich die Männer vom Sperrmüll anrief und bat, den Großteil meiner Möbel aufzuladen und wegzuschaffen. Es war der Morgen, an dem ich beschloss, „leer" zu werden. Wenn nicht im Kopf, so wenigstens außerhalb von ihm. 48 Stunden später schwor ich mir, jeden Tag ein Stück weniger zu besitzen. Und nach etwa zwei Wochen hatte ich endgültig begriffen, dass Horten und Anhäufen das Gegenteil von Leben ist. Je weniger ich verwaltete, sprich, je weniger Gerümpel mich umzingelte, umso „leichter" würde meine Existenz, umso inniger könnte ich mich auf das konzentrieren, was ich für wesentlich hielt. „Get your priorities straight", sagen sie in New York. Finde heraus, was zählt.

Wer mir nicht glaubt, den führe ich einen Vormittag lang durch die Galeries Lafayette, dem größten Kaufhaus von Paris, führe ihn vorbei an den vierhundert oder fünfhundert mühselig Beladenen, die letzte Nacht wieder keine Frau oder wieder keinen Mann umarmten, wieder nicht lauthals lachten, wieder keine Zeile Poesie lasen und – heute würde ich hinzufügen – wieder keine halbe Stunde Zeit fanden, um stillzusitzen und wahrzunehmen, was fehlt, ja, unheimlich fehlt in ihrem Leben. Dafür jetzt einen siebenstufigen Bananenmixer kaufen oder eine Armbanduhr mit allen Börsenzeiten der Welt oder ein Handy mit 333 verschiedenen Klingelzeichen. Und Mixer und Uhr und Telefon werden sie wieder – wieder nur hundsgemein kurzfristig – darüber hinwegtrösten, dass keine Wärme und keine Freude und kein schwungvoller Gedanke sie beflügeln.

Ich hatte verdammtes Glück. Klar, ähnlich meinen Zeitgenossen waren auch mir immer wieder die sinnlicheren Manifestationen des Daseins abhanden gekommen. Glück hatte ich dennoch. Wurde ich doch Zeuge einer Szene, die wie eine kleine Erleuchtung wirkte, wie ein Blitz, wie ein Peitschenhieb. (Und sie war wohl mitverantwortlich, dass ich nach Kyoto ging.) Auf rabiate Weise bestärkte sie mich in dem Vorsatz, meine siebzig oder achtzig Jahre anders hinter mich zu bringen als diejenigen, die kein Glück haben: jene vom Konsum Gezeichneten, die nie die Flucht antraten. Oder sie antraten und trotzdem scheiterten.

Ich stand auf dem Walmart-Parkplatz von Oklahoma City und sah einen Mann mit Tüten voll beladen auf sein Auto zustürmen, hörte, wie er schon von weitem seiner Frau zurief, den Kofferraum zu öffnen, nie stehen blieb, nur mit titanischer Willenskraft weiterstürmte, um nicht zusammenzubrechen unter der Fracht so vielen hartnäckigen Raffens. Und tatsächlich bis auf zwei Meter an seinen Wagen herankam, dann doch das Gleichgewicht verlor und – unvergessen – mit dem Kopf voraus in der Tiefe des Kofferraums verschwand, alle Last eisern mit sich reißend.

Als ich ein knappes Jahr später auf den Balkon meiner Wohnung trat und meinen Fernseher vom dritten Stock in die Mülltonne im Hinterhof schleuderte, dachte ich an den Mann in Oklahoma City. Wie dankbar ich ihm war.

Seitdem steht fest: Meine Wohnung ist keine Wärmestube. Jedes „Ding", das hinein will, muss sich fragen lassen: Macht es aus mir einen sinnlicheren Zeitgenossen?, einen geduldigeren?, einen mutigeren? Gar einen gewitzteren Schreiber? Oder richtet es das Gegenteil an? Macht es tatenlos, träge, verbarrikadiert es meine Träume? Diese Fragen müssen sein. Denn in allen Ecken meines Kopfes blinkt ein Satz von Karl Kraus. Der Wiener war nicht Schriftsteller, er war Zen-Meister, naiv und gerissen wollte er wissen: „Gibt es ein Leben vor dem Tod?" Das ist eine bedrohliche Frage. Sie hält wach, sie schürt die Achtsamkeit, sie erinnert ununterbrochen an Jetzt.

Die Hinrichtung einer schönen Geliebten

WARNSCHUSS:

„Wer kann, tut. Wer nicht kann, lehrt“, der Satz stammt von George Bernard Shaw. Also: Wer schreiben kann, schreibt. Und wer nicht kann, lehrt das Schreiben. So weit, sagen die giftigen Zungen, wäre ich jetzt.

Ich bin gern Durchlauferhitzer. So will ich von mir reden, das bietet Angriffsfläche, das provoziert, das erleichtert die Identifikation. Und erhitzt die anschließende Diskussion. Epikur meinte einmal, dass in einer geistigen Auseinandersetzung derjenige als Sieger gelte, der verloren habe. Weil er etwas Neues gelernt hat. Ich verliere gern. Unter der Bedingung, dass ich hinterher reicher, sprich, geistreicher davongehe.

Ich werde u.a. Auszüge aus verschiedenen Briefen an Redakteure vorstellen. Nicht vorstellen werde ich die zehn Regeln zum schöneren Schreiben. Wer bin ich, um mir derlei Unternehmungen zuzutrauen? Ich habe kein Germanistikstudium hinter mir, war nie auf einer Journalistenschule, ich weiß noch heute nicht, wie man eine Zeitung macht. Aber ich erinnere mich an einen Abend hinter der Bühne des Residenztheaters, wo Klaus Jürgen Wussow – noch fern jeder Schwarzwaldklinik – und ich – direkt von der Schauspielschule – auf unseren Auftritt warteten. Und ich den Meister verschämt fragte: „Sagen Sie, wie spielt man tolles Theater?“ Und Wussow, kurz und grantig: „Sie können alles spielen, nur stimmen muss es.“

Eine solche Antwort gilt auch fürs Schreiben. Keine festen Regeln, alles ist erlaubt, aber Vehemenz muss es haben,

Rhythmus, den Swing. Muss das betörende Gefühl verbreiten, dass man nicht den Raum verlassen will, ohne den vorliegenden Text gelesen zu haben. (Einer schrieb mal: „... dass man nicht weiterleben will, ohne den vorliegenden Text gelesen zu haben." Ach, der Angeber.)

Vor Jahren stieß ich auf ein Interview mit Edward Albee, dem amerikanischen Dramatiker (Wer hat Angst vor Virginia Woolf?), der sich wünschte, die Zuschauer seiner Stücke würden nach Verlassen des Theaters von den vorbeikommenden Taxis überfahren. Soll sagen, er träumte von einem Publikum, das am Ende der Vorstellung nicht sofort wieder ins alltägliche Blabla regrediert, sondern so mitgenommen ist, dass es tief versunken in die nächste Stoßstange rennt. Schöner Traum.

Diese Kolumne soll noch einen anderen Zweck erfüllen: Jenen das Schreiben auszureden, die es nicht lieben. Die glauben, sie kämen linkshändig davon. Für sie, die Grobschlächtigen, die Faulpelzigen und die Talentlosen sollte man „amnesty-international-paper" gründen. Wird doch – nach der Menschenhaut – nichts so sehr geschunden wie ein weißes Blatt Papier. „aip" würde dann einschreiten und den Satzschiebern und Wortbrechern das Handwerk legen. Gustave Flaubert meinte einmal: „Die Sprache ist das erste Genie eines Volkes." Das ist ein vorlauter Satz, wenn man bedenkt, wie das Volk mit seinem ersten Genie umgeht.

PS: Ich ahne, dass andere Reporter die folgenden Absätze mit Genugtuung lesen werden. Aus Berichten – berichtet mit zorngelben Gesichtern – weiß ich, dass ich nur *ein* Opfer bin, nur eines von vielen, dessen Sprache via „editorial hatchet work" niedergemacht wurde.

WUT:

Nun die Briefauszüge an Redakteure. Sie stammen aus der Zeit, in der ich vor allem für Zeitschriften und Magazine gearbeitet habe. Klug wäre, wenn der Leser augenblicklich vergisst, dass ich der Autor der folgenden Zeilen bin. Die Briefe könnten von jedem sein, der schreibt und gleich darauf mit ansehen muss, wie seine Sprache durch die Lauge brausender Mittelmäßigkeit geschleift wird. Damit die Wörter nicht wehtun, damit sie keinen Abonnenten verscheuchen, damit sie sich geräuschlos dem ersten Gebot eines wohlfeilen Kapitalismus andienen: dem der Verkäuflichkeit. In diesen Texten wird natürlich auch klar, wie ich mir passables Schreiben vorstelle. Es geht also hier nicht um A.A., den Briefbomben-Verfasser, sondern um Briefe, die als Vehikel dienen, Vorschläge zu transportieren.

Ich werde keine Namen nennen, nicht die der Redakteure, nicht die der Zeitschriften, nicht die Titel der massakrierten Artikel. (Deshalb die vielen XY.) Was sichtbar werden soll, ist die Hartnäckigkeit, mit der die deutsche Sprache geschurigelt wird. Hier nun einige Passagen aus einem langen Brief, in dem ich den Redakteur XY bekniee, mein von ihm klein gehacktes Skript wieder in die Nähe des Originals zu rücken.

Erster Brief (erster Redakteur), erster Auszug:

„Lieber XY, hier brach das Donald-Trump-Syndrom aus. Kennen Sie den? Diesen Maulhelden aus New York, der keinen Satz schafft, ohne dabei einen Superlativ zu veröffentlichen. Wir sollten ein bisschen abgeilen. Nicht sofort das Wort ‚Sensation‘ verbraten, wenn zwei Dutzend Nackte auftauchen. Cooler schreiben, lässiger, nicht immer so rotfleckig und tumultarisch.“

Zweiter Auszug:

„Lieber XY, ich merke jetzt, wie sich mein Geduldsfaden verkürzt. Habe ich doch das Gefühl, einem auf die Spur zu kommen, der mit rabiater Konsequenz sein bescheidenes Vokabular bei mir unterzubringen versucht. Denn das Wort ‚müßig' muss rein. Ich frage mich, ob es müßig ist, über diesen Furz zu reden. Leider ja, denn er steht unter meinem Namen, sprich, ich werde zur Rechenschaft gezogen. Hier kommt das richtige Wort, der richtige Satz, statt: ‚Wie müßig wäre doch das Unternehmen, Schönheit zu beschreiben', muss es heißen: ‚Wie übermütig wäre doch das Unternehmen, Schönheit zu beschreiben.'"

Dritter Auszug:

„Lieber XY, was rede ich, hier kommt es, das ‚samt und sonders' bekamen Sie nicht unter, aber ein ‚ganz und gar' möcht' schon sein. Ich spüre eine Harnleitervereiterung auf mich zukommen, ganz und gar skandalös. Wir werfen Ihren Mist ‚Hier beginnt der ganz und gar amerikanische Skandal' auf den Misthaufen und schreiben einfach: ‚Hier beginnt der amerikanische Skandal'."

Vierter Auszug:

„Lieber XY, sehe ich Ihr ‚zwecks have fun' (sic!), dann jagt mich die Angst einer genetischen Mutation. Das ist grandios blöd. Kein Wort davon soll an die Öffentlichkeit. Dafür würde man Sie schlachten. Viele, lieber Redakteur, schreiben wie sie vögeln: Immer in der Missionarsstellung. Einer lässt die Hose herunter und die arme Frau, sprich der arme Leser, weiß sofort, wo der fade GV, sprich der fade Text, entlang stottert. Phantasielos und hastig stochern Sie, lieber Redakteur, in meiner Geliebten, der ungeheuren, der ungeheuer schönen deutschen Sprache."

Zweiter Brief (zweiter Redakteur), ein Auszug:

„Lieber XY, Ihr himmelblöder Satz ‚Die Geschichte hätte dich geschmückt, wie sie es jetzt uns tut‘, hat mich mit Einsicht und Milde versorgt. You've got it or you ain't, sagen sie woanders. Und Sie haben es nicht. Wem ein solcher Wortverhau – *wie sie es jetzt uns tut* – gelingt, ohne dass ihm ein Riss das Hirn spaltet, beweist einmal mehr, dass ihm die Gabe des Schwungvollen und Harmonischen nicht gegeben ist. Dass sich gerade solche Mitmenschen wie Sie in die deutsche Sprache verlieben, das ist eines der vielen Geheimnisse, die mir entgehen. Klar, so viel irre gelaufene Hingabe zur Kunst, das rührt auch an, appelliert nachdrücklich an meine abendländischen Werte, auch die zu respektieren, die sich so schweißgebadet und linkisch ihre stachligen Nebensätze abdrücken. (....) Lassen wir das grausame Spiel, lieber XY, ich bin zu schwach oder zu neugierig oder zu ungeduldig, um immer wieder von vorn anfangen zu wollen. Die Stunden, die ich mir ab jetzt spare, wenn ich darauf verzichte, einem Unbedarften wie Ihnen das Wunder der deutschen Sprache einzubleuen, diese Stunden will ich in Zukunft dafür hernehmen, um – noch intensiver – den (vielen) zuzuhören, die begabter sind als ich.“

Dritter Brief (dritter Redakteur), ein Auszug:

Lieber XY, danke für die Zusendung der redigierten Fassung. Wieder finde ich Ihre scharf riechenden Markierungen. Warum schlachtet man die Kinder von K. und warum nicht Sie, den Redakteur, den Sprachschlächter? Nur ein Beispiel. Ich schrieb: „... bis der Krieg um die Hauptstadt Afghanistans losbrach und Turgut und seine Familie eine volle Breitseite aus den Betten jagte.‘ Und Sie, der Überleber aller an der deutschen Sprache verübten Verbrechen, fingerten daraus: ‚Bis Turgut und seine Familie eine Rakete traf.‘ Das ist, als hätte man die fünfzig besten deutschen Schreiber in einen Raum gepeitscht und ihnen unter Todesstrafe angedroht, nicht eher den Raum verlassen zu dürfen, bevor sie nicht die fahlste, die totgefickteste Wendung gefunden hätten. Und sie fanden sie: ‚Bis eine Rakete sie traf!' – Elvis ist tot, Hendrix ist tot, und Sie leben. Warum?"

Vierter Brief (vierter Redakteur), ein Auszug:

Vorgeschichte. Wieder musste ich erleben, wie ein Redakteur, der Textchef geworden war, weil er die Anmeldefrist für die Bäckerlehre versäumt hatte, ein Manuskript von mir erledigte. Ich schrieb dem Kanalarbeiter, wies ihn unter anderem darauf hin, dass ich diese „Verharmloserbrunze" nicht dulden werde. Daraufhin geschah etwas Sonderbares. Der Kanalarbeiter lief heulend zu seinem Chef, der daraufhin – schriftlich – auf mich anlegte. Wie bekannt, geht es in der Medienwelt ähnlich zu wie bei Ärzten und Chirurgen. Untereinander wird ordentlich gehackt, kommt jedoch ein Angriff von außen, wird stramm gemauert. Beschwert sich ein Patient über Bauchschmerzen nach einer Bauchoperation, dann ist die Schuld beim weinerlichen Operierten zu suchen und nicht beim Onkel Doktor, der die Schere irgendwo in der Nähe des Zwerchfells vergaß. Ähnlich hier. Der Chefredakteur schmückt sich sodann in der Pose des Beschützers, auch wenn alle Welt weiß, dass drei oder vier ausgewiesene Flaschen bei ihm untergekommen sind. Auf die Empörung des Chefs, der mich in seinem Brief wissen ließ, dass es sich bei dem Kanalarbeiter um eine Fachkraft ersten Ranges handelt, antwortete ich folgendermaßen:

„Lieber XY, mit deinem Brief habe ich gerechnet. Dass du deine Galle gleich so giftgrün und aufrecht entrüstet aufs Papier schleuderst, überrascht. Redakteur XY bittet um Schreibhilfe – wohl getan – und die Chefredaktion knüppelt. Nicht ganz fehlerfrei. Auch stilistisch etwas matt. Aber das soll nicht zählen. Jetzt wird abgerechnet, da kommt so manches abhanden. Fakten, frühere Lobeshymnen, unsere gemeinsame (?) Geliebte, die deutsche Sprache. Erheitert jedoch haben mich deine drei Pünktchen am Ende mancher Sätze. Sie erinnern mich an katholische Mädchenpensionatsaufsätze. Die haben auch Pünktchen. Denn dahinter lauert das Unsägliche, das Unsagbare. Pünktchen, Pünktchen, Pünktchen.

Das Niveau der Fahnen werde ich nicht mehr diskutieren. Es verbietet sich im Namen unserer Geliebten. XY pimperte in ihr herum, als wollte er die Schöne zur Volksausgabe zusammennageln. Ich musste ihn bremsen. Damit sie am Leben bleibt. Und ich.

Ihr „moderiert", ihr mäßigt meine Sprache, ihr stampft sie ein, ihr zerschneidet ihr das Maul, ihr druckt sie besonnen. Nichts soll mehr lästern, nichts brüskieren, nichts fremd sein. Ich weiß, XY, wie du mir dazwischenreden willst, wie du noch immer an deinen auswendig geleierten Journalistensprüchen hängst und mich mit „Handwerk und Präzision" zur Ordnung zu rufen versuchst. Wie ich dir deine Handwerkerei schenke. Mensch, XY, mich hungert nach etwas ganz anderem, nach hintereinander aufgestellten Worten, die mich betäuben, die mir ein Geheimnis vom Leben erzählen, die mich, den Leser, verstören oder verzaubert zurücklassen."

Zweiter Auszug:

Zum besseren Verständnis der folgenden Zeilen ein schneller Hinweis: Wer sich gegen die Bimboisierung der deutschen Sprache wehrt, muss für die Konsequenzen gerade stehen. Damit die Geldbesitzer zur Kenntnis nehmen, dass nicht jeder mit Geld zu besitzen ist. Auf die Androhung des Chefredakteurs, weiterhin den fraglichen Text zu bearbeiten, mailte ich folgende Klarstellung:

„Lass es mich glasklar hinschreiben: Weitere Zugriffe auf das XY-Skript – von notwendigen Kürzungen abgesehen – werden nicht stattfinden. Nicht von anderer Seite, nicht von meiner. Viele Deiner Vorschläge habe ich berücksichtigt, manche nicht. Weil sie nicht richtig, nicht kompetent, nicht sinnlich sind. Wollt Ihr weiter zugreifen, bin ich – wie selbstverständlich – bereit, die an mich überwiesenen Gelder (einschließlich Spesen) wieder herauszurücken. Ausfallhonorare nehme ich grundsätzlich nicht. Wer zahlt, schafft an. Will sich einer nichts (mehr) anschaffen lassen, zahlt er zurück. Das sind die Spielregeln, ich spiele sie."

Nun kommt ein letzter Brief, ausnahmsweise an einen Übersetzer. Er arbeitete für ein schickes Käseblatt, ein In-fllight-Magazin, in dem alle Artikel und Reportagen auf Deutsch und Englisch veröffentlicht werden. Dieser Vorfall zeigt, dass die Sprachschänder überall lauern, auch da noch, wo sie nichts anderes sollen als von einer Sprache in die andere zu übertragen. Hier mein Kommentar an einen Kleinkriminellen, der zufällig als Übersetzer tätig ist: „Lieber XY, den Ursprung der Affäre kennen Sie doch? Wenn nicht, lassen Sie mich Ihnen auf die Sprünge helfen: Über Umwege erfahre ich von einem Fluggast, der meine XY-Story zuerst im deutschen Original, hinterher die englische Version las und anschließend zu seinem Sitznachbar sagte: ‚Altmann should sue the translater, this translation is pure shit'. Nachdem mir diese Bemerkung zu Ohren gekommen war, las ich Ihr Opus und musste kleinlaut feststellen, dass das Wort shit den Sachverhalt mit einem einfachen und uneleganten Wort beschreibt. Mit Scheiße eben. Wenn Sie folglich von einem wissen, der noch unbegabter, noch sprachdürftiger, noch dreister als Sie dem Autor und noch leckmichamarschiger dem Leser gegenüber die wunderbare deutsche Sprache in die wunderbare englische Sprache übersetzt, wenn Sie denn von so einem erfahren sollten, dann lassen Sie hören. Mit freundlichen Grüßen, AA."

Um jedes Missverständnis zu vermeiden: Alle meine Reportagen hätte man anders – leider ja – besser schreiben können. Werfe ich heute einen Blick auf sie, dann bin ich froh, wenn sich niemand mehr an die Hohlstellen erinnert. Sinnigerweise wurden sie von den damals zuständigen Sesselfurzern nicht angemahnt. Natürlich traf ich Redakteure, die aus mir einen besseren Schreiber machten. Redakteure, die nebenbei phantastische Leser waren und – von keiner Profilneurose gewürgt – das Manuskript mit sinnlichen Vorschlägen bereicherten. Was mich am heftigsten an ihnen begeisterte: Sie verschonten mich mit ihrem harmonisierenden Senf, den die anderen sich beizutragen bemüßigt fühlten. Mein Text durfte parteilich bleiben, verletzend, behütend, widersprüchlich, zornig, gar gefühlsstark. Nie suchten sie mich heim mit der lauwärmsten aller Forderungen: dem Ruf nach Objektivität, nach Distanzierung, nach Unparteilichkeit.

LEIDENSCHAFT:

Jeder, der schreibt, sagen wir lieber, jeder, der schreiben muss, weil er zu nichts anderem taugt, wird den folgenden Satz von H.C. Artmann verstehen: „Ich habe zwei Leben, eines besteht aus Essen und Trinken, das andere aus Schreiben."

Schreiben heilt. Und Nicht-Schreiben zermürbt. Wie gefahrlos erscheint da die Existenz des Reporters, der Schreiben als ästhetisches Problem begreift, nicht als Ja oder Nein über sein Schicksal. Aber ich – nur Reporter, nie Romancier – treibe mich gern in der Nähe der Meister herum. Weil ich von dem Wahn ergriffen bin, dass das Berühren ihrer längst verlassenen Bettstatt, ihres längst aufgegebenen Schreibtisches etwas abfallen lässt für den, der sie so innig verehrt.

Ich wanderte zum Blarney Castle, einer Burg im Süden Irlands. Dort gibt es den „stone of eloquence“. Man muss sich vor ihm auf den Rücken legen, sich leicht verbiegen und den Stein küssen. Dann, so die Sage, überkäme einen die Kunst der Beredsamkeit. Das schöne Märchen entstand, weil der einstige Schlossbesitzer McCarthy nie seine Zusage einhielt, Königin Elisabeth I. militärische Unterstützung zu leisten. Seine Ausreden waren so blumig und originell, dass man ihm alles glaubte.

In Tanger traf ich (ein zweites Mal) den marokkanischen Schriftsteller Mohamed Choukri, bei Gott einer, der über die Gaben der Beredsamkeit und des Schreibens verfügt. Ich notierte damals: „Zwei Stunden, nachdem ich in der Stadt gelandet bin, klopfe ich an seine Tür. Eine drei Monate lange Reise durch Afrika liegt vor mir, und ich will den Verführer vorher noch sehen. Damit ich die Erinnerung an ihn mitnehmen kann. Als Wegzehrung für weniger heitere Stunden.

Mohamed Choukri öffnet. Ich habe Glück, und er erinnert sich an mich. In der Zwischenzeit war er mindestens ein halbes tausend Mal betrunken, und die Gefahr, irgendwann aus seinem Hirn zu verschwinden, weggeschwemmt von einem letzten Grappa, diese Gefahr besteht. Täglich, ab vier Uhr nachmittags.

Er hat noch immer Flecken auf der Hose, und noch immer stehen die zwei Betten in seiner Wohnung. Das breite für den Damenbesuch, das schmale zum Überleben: Auf ihm schreibt er. Das Beste, was er darauf produziert hat, machte ihn berühmt. „Le pain nu", das nackte Brot, ein Tatsachenbericht aus der Hölle seiner Jugend. Sein Vater, der Prügler und Mörder. Sein Hunger und die Brotrinden aus den Abfalltonnen. Sein einsames Geschlecht und die tierische Lust auf Schafe und Ziegen. Fünfzig Jahre später sind die Wunden verheilt. Nur die Narben schmerzen. Er behandelt sie jeden Tag von neuem, schreibt jeden Tag mit einem dunkelschwarzen, ätzenden Humor.

Noch eine Erfahrung, die mit Sinn und Schreiben zu tun hat. Am *Naropa Institute* in Boulder, einer Kleinstadt in Colorado, der einzigen offiziell anerkannten buddhistischen Universität in den Staaten, werden auch so genannte Schreibkurse angeboten. Ich wurde eingeladen, einen Abend lang still anwesend zu sein.

So bin ich der Zuschauer einer Klasse von Studenten, die sich in „Writing and Poetics" eingeschrieben haben, fünf Frauen, ein Mann. Und ein Prof, der Finne Anselm Hollo, ein seit dreißig Jahren in den Staaten tätiger Schriftsteller. Er lehrt nebenbei an den Universitäten in Helsinki und Tübingen, machte sich (auch) einen Namen als Brecht-Übersetzer. Wir sitzen im Chestnut House, die intime Atmosphäre des kleinen Kastanienhauses entspannt. Meine erste Befürchtung, dass sie hier täglich einen hehren Literatur-Gottesdienst abfeiern, tritt nicht ein. Hollo ist launig und schlagfertig, die Jungen penetrant neugierig und schwer verliebt in die englische Sprache. Die Umgangssitten sind eher amerikanisch, sie lachen viel und als Terence furzt, lachen sie am lautesten.

Nun hat sich – unter den Einsichtigen – seit Erfindung des Alphabets herumgesprochen, dass die Kunst des Schreibens nichts mit entspannt sein, nichts mit guter Laune, nichts mit „creative writing courses" zu tun hat. Auch dann nicht weiterhelfen, wenn sie in unmittelbarer Nähe des Erleuchteten stattfinden. Auch nichts zu tun haben mit menschlich hochanständigen Motiven, noch mit einem aufregenden Leben. (Das hilft, reicht aber nicht. Sonst wäre ja auch Tarzan Dichter geworden.) „Talent", heißt es auf Jiddisch, „mekht schojn sajn". Und das ist ein Geschenk des Teufels, so ungerecht, so zuträglich und ruinös wie atemberaubend schön oder atemberaubend intelligent zu sein.

So mag einer von derlei Lehrgängen denken, was er will. Aber ich begreife während der zwei Stunden, in denen ich dem Amerikaner, den vier Amerikanerinnen und der Australierin zuhöre, dass sie auf geradezu unverschämte Weise privilegiert sind. Ein paar Jahre dürfen sie Worte ausprobieren, dürfen sich auf nichts anderes konzentrieren als auf den feudalen Luxus, das genau stimmige Wort zu finden. Konzentriert sich die Mehrheit der Studenten des Landes auf „economic studies", um später einmal exakt ausrechnen zu können, wie viele Stoßdämpfer und Gemüsemixer das Volk braucht, so reden sie hier über ihre mitgebrachten Gedichte, hören Vierteltöne, feilen an Nuancen, fürchten sich wohl alle vor dem herrischen Satz Mark Twains, der uns wissen ließ, dass der Unterschied zwischen dem richtigen Wort und dem beinahe richtigen Wort derselbe ist wie der zwischen einem Blitz und einem Glühwürmchen.

TRÄGHEIT:

Ich möchte jedem achtsamen Schreiber vorschlagen, eine „black list" anzulegen. Auf sie kommen all die Wörter, die nicht mehr vorkommen dürfen in seinem Wortschatz. Weil die Einen sie von den Anderen schon zu oft abgeschrieben haben. Weil man nicht zu der dreisten Mehrheit gehören will, der frech der Pawlowsche Speichel rinnt, wenn sie nach der nächstschlechtesten Wendung greift, um einen Text hinter sich zu bringen. Weil man Sprache liebt und wie ein Liebhaber die Liebe immer neu überraschen will.

Roland Barthes: Ekel stellt sich ein, wenn die Verbindung zweier wichtiger Wörter sich von selbst versteht.

Fünf Beispiele von fünftausend:

Das Wort „versagen“ taucht auf. Und nichts zwischen Himmel und Erde kann den Skribenten davon abhalten: „kläglich versagen“ zu schreiben. Vor versagen muss kläglich stehen. Was lernen wir daraus: Der Skribent ist ein kläglicher Versager.

„Kleinarbeit“ fällt dem Skribifax an. Und was noch? Natürlich, wir brauchen gar nicht hinzusehen: Kleinarbeit ist – bis hinter den Jüngsten Tag – „mühevoll“: In mühevoller Kleinarbeit, ad infinitum absurdum.

Joschka Fischer wurde Außenminister und ab sofort ist er dreiunddreißig Millionen Mal der – was wohl? – „frischgebackene Außenminister Joschka Fischer“. Da mag ein neues Paläozoikum losbrechen, für den deutschen Durchschnittsskribler wurde Fischer frischgebacken. Dass Fischer inzwischen seine Jeans abgelegt hat und „feinsten Zwirn“ trägt, auch diese Drehung wurde dem Leser hunderttausendfach um die Ohren gehauen.

Volkswagen brachte den auf modern gestylten Beetle heraus. Der Wagen war noch nicht einmal ums Werkgelände gebraust, da outeten ihn die fachkundigen Kritzler – unbremsbar, unkorrigierbar, unfehlbar banalissimo – als „Objekt der Begierde“. Alles, was irgendwie neu ist, irgendwie käuflich, irgendwie fähig, unsere Aufmerksamkeit für dreieinhalb Sekunden zu strapazieren, ist ein – mir will die Zunge brechen – „Objekt der Begierde“.

Äußert jemand eine Meinung, die nur Millimeter vom Mainstream abweicht, dann hört unser Mann der Feder einem zu, „der gegen den Strom schwimmt.“ Wer so schreibt, wird nie verdächtig, stromaufwärts zu denken. Er gehört zum trägen Treibholz, das von keiner anderen Sehnsucht getrieben wird, als zum großen Haufen zu gehören.

Literaturnobelpreis-Träger Derek Walcott notierte einmal: „Ich würde gern Wörter schreiben, auf denen noch der Tau des Morgens liegt.“ Auf den oben erwähnten Beispielen liegt kein Tau, da liegt der Grind, der Schimmel nervzehrender Öde.

Wir sollten eine Halleluja-Minute für Steve Brille einlegen, den Chef von *Content*, der an den Rand eines lausig geschriebenen Artikels schrieb: „Schon mal an Selbstmord gedacht?“

KLARHEIT:

Vor Jahren lebte ich einige Monate in einem buddhistischen Kloster in Kyoto. Die Nachwirkungen dieses Aufenthalts traten erst spät ein. Die materielle Magersucht brach aus, ich wurde Minimalist, ich entrümpelte meine Wohnung. Ich begriff, dass nichts versöhnlicher auf mich wirkte als Leere. Aber es dauerte eben, bevor ich es zuließ. War ich doch in einer Gesellschaft aufgewachsen, die von dem Wunsch besessen schien (und scheint), die Welt mit Ramsch voll zu stellen. Ich kann mich nicht an zehn Wohnungen oder Hotelzimmer erinnern, bei deren Anblick mich nicht der Wunsch überfallen hätte, zwei Möbelpacker anzuheuern. Um die Atemnot abzustellen.

Erstaunlicherweise hörte diese Lust nach Wenig, bescheidener, nach Weniger nicht auf, als ich anfing, als Reporter zu arbeiten. Je weniger Worte, je weniger Adjektive, umso eleganter, ja, intelligenter schien mir ein Text. Die Lust verstärkte sich über die Jahre, nicht zuletzt durch die Lektüre anderer Autoren, die Hohnkübel nach jenen warfen, die geschwätzig ihre Seiten vollschrieben. Max Frisch sagte kurz angebunden: Schreiben ist weglassen.

NACHREDE:

Unter dem Scheibenwischer eines Autos, aus dem ich eine hübsche Frau steigen sah, steckte ich einst ein Gedicht von William Butler Yeats. Plus meine Telefonnummer. Und irgendwann klingelte das Telefon, die Hübsche rief an. Claro, nicht ich hatte sie verführt, sondern der irische Dichter, nein, seine Wörter. Gabriel García Márquez meinte einmal auf die Frage, warum er schreibe: „Um geliebt zu werden." Und Katja Lange-Müller weiß: „Ich schreibe, um zu lieben." In dem Film „The Postman" erzählt der chilenische Dichter Pablo Neruda einem Postboten von der Magie der Sprache, verrät ihm, dass ihr Geheimnis in der Metapher liegt. Zuletzt schreibt Neruda für den Briefträger die Liebesbriefe. Damit die Schönste im Dorf sich in ihn, den Sprachlosen, verliebt. Einmal gab Pablo dem Briefträger folgende Zeile mit: „Mi voz buscaba el viento para tocar tu oído": Und meine Stimme suchte den Wind, um dein Ohr zu berühren. Diese Metapher, diese Vorstellung vom Wind, der die Liebesworte an das Ohr der Geliebten weht, ein solches Bild muss jemandem erst einfallen. Wäre ich Frau, ich würde mich blindlings an den Hals des Erfinders solcher Wörter werfen. Hat er doch Sprache, hat er doch – fast – Alles.

Eros

Fernando

Wir lächelten uns an. Ich stand im Vorraum des Klosters San Francisco und fragte nach der nächsten Führung. Und Fernando sagte ja, obwohl kein weiterer Besucher mehr zu erwarten war. Der junge Kerl verdiente sich nebenbei als Kirchenkenner ein paar Pesos.

Wir zogen los und Fernando deutete mit seinen gepflegten Händen auf Gemälde von Zurbarán, lenkte meinen Blick auf die holzvertäfelten Decken, sprach von dem Wunder, dass dieses Gebäude seit dreihundert Jahren alle Erdbeben Limas überstanden hatte.

Wie leicht es fiel zuzuhören. Der junge Peruaner war intelligent, ironisch. Im Vollbesitz seines charmanten Hochmuts ließ er mich teilhaben an seinem Wissen. Dennoch, je länger er redete, umso weniger passten Gesicht und Worte zusammen. Er schien auf seltsame Weise abwesend. Es dauerte eine Weile, bis ich verstand: Führung und Verführung lagen unmittelbar nebeneinander. Fernando war homosexuell, kein Zweifel. Seine Worte redeten über Architektur und seine Gedanken handelten von uns. Nichts Tuntiges und Grelles war an ihm. Im Gegenteil, er war wohltuend diskret. Aber er verfügte über Töne und Gesten, die Männer von Männern unterscheiden.

Ich genoss das. Und fürchtete zugleich, was auf mich zukam. Reines Glück war das Bewusstsein, begehrt zu werden. Mitansehen zu dürfen, was dieser Mensch aufführen würde, um mich zu versuchen. Einmal nicht Gockel und Geck, nicht Hochstapler, Falschmünzer und Zauberer sein müssen, um jemanden – immer eine Frau – von sich zu überzeugen. Die Lust lag im Vertauschen der uralten Rollen. Diesmal durfte ich warten, durfte warten lassen, konnte in Ruhe das Angebot studieren. Ein ganz, ganz neues Erlebnis.

Der Schrecken lag woanders. Dass Fernando etwas anrührte, was meine intimsten Phantasien betraf. Phantasien, die großartig oder schmerzhaft in Erfüllung gehen konnten. Seit Jahren der Wunsch in mir, „genommen" zu werden. Sehr konkret. Beim Liebesspiel Schoß zu sein. Nur *ein* Mal wenigstens eine Ahnung davon zu bekommen, wie es sich fühlte, wenn ein Mann von außen in mich eindrang. Um diese Erfahrung habe ich jeden beneidet, der von ihr wusste. Alle drängenden Fragen, die ich Männern und Frauen dazu stellte, und alle Antworten, die ich von ihnen hörte, machten mich nicht wissender. Was immer sie aussagten, ich hatte nichts verstanden. Es war wohl ähnlich einem Eisenbahnunglück. Oder der wunderlichen Begebenheit, ein Kind zur Welt zu bringen. Oder der Trance beim Gehen über lavaheiße Kohlen. Es lässt sich nur physisch begreifen, nie aber einem anderen via Sprache vermitteln.

Mir wurde klar, dass ich den Zustand leben musste. So verkehrt herum (wörtlich), so gefährlich (gesundheitlich), so verschmäht (moralisch) das Vorhaben auch war. Genau mit jener Bewegung, mit der Fernando eindeutiger wurde und anfing, spielerisch meinen Hals zu berühren, durchzuckte mich die Erinnerung an einen seit Jahrzehnten verdrängten Vorfall: Ein Schulfreund und ich lagen zusammen im Bett, nackt und mit wachsender Erregung bei der gemeinsamen Durchforschung unserer Geschlechtsteile. Hinterher habe ich deliriert, mich vor Scham und Schuldgefühlen übergeben, konnte nicht fassen, mich so gegen Katholizismus und Gott vergangen zu haben. Dass ich wie so viele andere Jugendliche eine Phase latenter Homophilie durchlebte, wusste ich natürlich nicht. Ich wusste nur von Fluch und Frevel und dem Hass auf „Arschficker" und „Schwulensäue".

Die schmalen Finger von Fernando manipulierten sanft und schonungslos mein Bewusstsein. So kamen alle Empfindungen zusammen, vollzählig und gleichzeitig: Die Neugierde auf meine – möglicherweise – homoerotischen Talente, die Lust auf Intensität, die mögliche Wollust, der mögliche Schmerz, die schiere Angst, das Bewusstwerden einer längst vergessen geglaubten Vergangenheit.

Inzwischen standen wir vor zehntausend Totenschädeln und Skeletten. Hier in den Katakomben hatten die Mönche die Seuchenopfer der Stadt gestapelt. Der Peruaner erzählte jetzt von seinem Leben als Lustknabe für Gringos. Denn die Hauptkundschaft kam aus den Staaten. Am bemerkenswertesten blieb ihm ein Priester im Gedächtnis, der genussfähig seine christlichen Todsünden auslebte. Der Callboy wurde meist ins Sheraton gerufen, dem inoffiziellen Eros-Center von Lima.

Nach einem knappen Hundert flüchtig intensiver Nächte überkam den 21-Jährigen ein Bedürfnis nach Nähe. Er drosselte seinen Verbrauch und verliebte sich. In einen blonden Menschen aus Schweden. Nach drei Monaten Liebe kam der Schmerz der Trennung. Seitdem war Fernando aus dem Geschäft. Er schien zu sehr verwöhnt von den nächtlichen Zärtlichkeiten. Er verzichtete nun auf klimatisierte Hotelbetten und schwor Enthaltsamkeit. Das war.

Es schien, als wäre nun der Tag gekommen, der Keuschheit abzuschwören. Vielleicht nur, weil ich so blond und schwedisch aussah. Meine Person als Ersatz für einen entschwundenen Geliebten. Wäre es nach Fernando gegangen, er hätte mich umstandslos auf einem Berg eingebeulter Schädeldecken geliebt. Während er mich zu küssen versuchte, war ich hochgradig amüsiert und keinesfalls sinnlich erregt. Nur von der Idee beflügelt, dass ein Mestize mein erster Mann sein könnte.

Wir kehrten zurück zur Erdoberfläche. Ich verging vor Lust bei der Vorstellung, dass ich umworben und bebalzt wurde, dass ich launisch und arrogant alles und nichts versprechend festlegen konnte, wie mit mir zu verfahren sei. Zu oft hatte ich Frauen in einem solchen Zustand beobachtet und sie um ihre Macht über mich beneidet. Jetzt war ich Frau und jetzt besaß ich diese Macht.

Wir gingen die paar Schritte hinüber zur *Casa de la Inquisición*. In der Öffentlichkeit blieb Fernando auf Distance, Homopärchen waren verpönt. Zwischen angerosteten Daumenschrauben, Stahlruten und lang verglühten Brennstäben begannen Führung und Verführung von neuem. Welch Gegensätze. Vor mir kniehohe Erdlöcher, in denen Männer dreißig Jahre dahinsiechten und auf meiner rechten Wange die warmen Lippen von Fernando, die Liebesworte und verwegene Details flüsterten. Der Tod und diese Liebelei, so nah, so frivol nebeneinander.

Schweren Herzens verließ ich den Ort. Angesichts von so viel Mord und Totschlag empfand ich unser beider Absicht eher komisch, ja, aufdringlich. Der Rausch war begraben. Vorläufig zumindest.

Fernando und ich tranken noch eine Tasse Tee. Dann wollte ich allein sein. Meinen designierten Liebhaber ließ ich im Ungewissen. Den Beischlaf müsse ich noch einmal überschlafen. Ich würde morgen Bescheid geben. So oder so.

Vierundzwanzig Stunden später hatte sich mein Verlangen auf Fernando wieder erholt. Acht Uhr abends trafen wir uns beide im vereinbarten Restaurant. Der Peruaner glühte vor Freude, und ich wollte nun unbedingt wissen, wie mein Körper mit einem Männerkörper umzugehen gedachte. Wir rauchten, warteten auf die Dunkelheit, dann brachen wir auf.

Das Hotel Damasco lag nur drei Ecken entfernt, direkt neben dem Plaza de Armas. Der Mann an der Rezeption wusste sogleich Bescheid. Ein Doppelzimmer für Männer ohne Gepäck? Das ist eindeutig. Wir bekamen Nummer 26. Eine stickige Besenkammer, fensterlos. Die Rache eines heterosexuellen Portiers. Wir gingen zurück und drohten mit Auszug. Diesmal erhielten wir den Schlüssel für das Zimmer gegenüber. Schon besser, eineinhalb Quadratmeter größer und eine Luke zum Öffnen.

Wir saßen am Bettrand und fingen an. Mit Reden. Als Beruhigungsmittel. Ich spürte, wie feiner Schweiß über meine Handflächen kroch. Um uns zu beschäftigen, zogen wir uns aus. Zuletzt in Unterhosen, heimlich wie Kinder. Als Fernando anfing, mich mit Händen und Mund anzufassen, war alle Unklarheit verschwunden: Ich wusste augenblicklich, dass Begehren und Erotik sich nicht ausbreiten würden in mir. Umgehend erfuhren alle meine Sinne, dass ein nackter – so weit waren wir bereits – männlicher Körper nur Hilflosigkeit und Desinteresse in mir auslöste. Frauen waren geschwungen, hatten rätselhafte Höhen und Tiefen, verbargen ein Geheimnis nach dem anderen. An Fernandos Leib entdeckte ich nicht ein einziges Wunder, er war glatt und geheimnislos wie mein eigener.

Das änderte nichts an meinem Plan. Dreiviertel meines Gehirns bestehen aus Neugier. Und wäre das Neue voller Tücken und gemeiner Überraschungen. Ich wollte nun diese mir so fremde Vertrautheit, und wäre es über mein Blut und meine Tränen.

Von all dem, all den tosenden Überlegungen hinter meiner Stirn, hatte Fernando keinen Schimmer. Er begehrte eben Männer, mich eingeschlossen. Kronzeuge seines eindeutigen Anliegens war sein Geschlecht, das sich nun in Windeseile neben meinem schüchternen Körper aufbäumte.

Fernando musste lernen. Hätte er allein zu entscheiden gehabt, er wäre mit Furioso in mich hineingefahren. Jetzt, in den Momenten praller Erregung, war er eben ganz Mann, ganz Macho. Er musste einsehen, dass ich Zeit benötigte, dass sich bei zu heftigem Drängen meine Eingänge versperrten, noch mehr versperrten. Vor Schreck, so fulminant betreten zu werden.

Ich spürte, wie der Ex-Stricher mit sich kämpfte. Ein Heterosexueller als linkisches Liebesobjekt, das war neu für ihn. Zudem penetrierte er meistens auf Stundenlohnbasis, erledigte den GV als Akkordarbeiter. Die hastige Routine schien Teil der Liebe.

Andererseits wollte ich ihn nicht überfordern. Guten Willens war er bestimmt. Aber sein immer schwerer werdender Atem, Zeichen einer wuchernden Geilheit, die sich nun über seine gesamte Hautoberfläche ausbreitete, setzte meinen Bitten ein eindeutiges Limit.

Ich reichte ihm die vorsorglich mitgebrachte Cremetube. Reichlich, nein, verschwenderisch wurde nun eingefettet. Nebenbei betätigte sich Fernando als Entspannungstherapeut. Ich solle vom Kopf aus Befehle geben, um den Muskelring zu lockern. Ich tat, was ich konnte.

Es war zu wenig. Wie einen glühenden Dorn registrierte ich seinen ersten Versuch. Vier Mal musste er mich wieder verlassen, kein anderer Weg half, um diesen pfeilspitzen Schmerz abzustellen. Als ich ihn beim fünften (sechsten?) Mal fragte, wie weit – ich vermutete ihn sehr weit – er schon in mich eingedrungen wäre, sprach er von zwei, drei lächerlichen Zentimetern. Ich verstummte.

Fernando war jetzt nicht mehr zu bremsen. Mit Vehemenz stieß er sich Stück für Stück in mich hinein. Plötzlich konnte ich nachvollziehen, warum das Wort „Penetration“ bei manchen so Furcht erregend deutlich nach Gewalt und Willkür riecht. Ich lag mit dem Kissen zwischen den Zähnen auf dem Bett, in meinem Kopf wütete die unerbittliche Frage nach dem Sinn des Unternehmens. Ich fühlte mich pervertiert, versuchte an befreundete Männer und Frauen zu denken, die mein Tun bejahen würden, die diesen Trieb nach Erkenntnis nicht verurteilten. Zeitgenossen, bei denen ich mir Mut holen konnte, um nicht aufzugeben.

Auf und ab, der Peruaner richtete sich ein. Mehrmaliger Stellungswechsel. Durch meine Ungeschicklichkeit in der ganz anderen Rolle als „Frau" verlor Fernando – nun in animalischer Hochstimmung – mehrmals den Kontakt zu mir. Und jedes erneute Eindringen stach wie ein feuriges Schwert in meinen Unterleib.

Ich näherte mich meinen Schmerzrändern, die Grenzen tolerierbaren Leids rückten näher. Um noch rechtzeitig erlöst zu werden, bettelte ich um ein baldiges Ende und forderte Fernando auf, doch endlich seine Lust in mir abzuladen. Der Satz war noch nicht ausgesprochen, da erkannte ich meinen Fehler. Fernando erschrak, sein zuckendes Statussymbol schrumpfte. Sofort bat ich um Verzeihung, hieß ihn einen grandiosen Liebhaber und gelobte Besserung. Meine Lügen heilten. Mächtig und stolz kehrte sein Stachel zurück. Mir selbst versprach ich, stillzuhalten und – wenn nötig – bis zur bluttriefenden Ohnmacht auszuharren.

Dann ein neues Problem, peinlichst und schier unbeschreiblich. Fernandos schwungvolles und auf eigensinnige Weise verbogenes Lingam reizte meinen Dünndarm. Mich überkam nun das Bedürfnis, mich prustend zu entleeren. Jetzt hatte ich zwei Leiden. Die feuerrote Qual meiner aufgescheuerten Schließmuskeln und das hektische Verlangen, mich auszuscheiden. Hätte ich nicht in den nächsten Sekunden Fernandos erlösten

Atem vernommen, nicht mitbekommen, dass er sich selig erschöpft auf mich legte, unsere Liebesnacht wäre in einem barbarischen Desaster geendet.

Unbeweglich und mit pochendem Herzschlag lagen wir nebeneinander. Eine Phantasie war Wirklichkeit geworden. Eine Wirklichkeit, von der ich lange geträumt hatte und der ich nie wieder begegnen wollte. Als sich Fernando behutsam, ja, zärtlich aus mir herauslöste und so noch einmal seine ganze Männlichkeit über meine wunde Haut schleifte, da signalisierten die geschundenen Nerven ein letztes Mal, was ich hinter mir hatte.

Freundschaftlich gingen wir auseinander. Für den Augenblick unseres Abschieds taugte ein Satz von André Gide: „Ich will dabei sein, und koste es das Leben.“ Und noch ein Gedanke war da, auch er jetzt unwiderruflich: Dass meine Sehnsucht nur Frauen ersehnte. Und dass keiner es aufnehmen konnte mit dieser Wahrheit, keiner versuchen sollte, sie je außer Kraft zu setzen. Kein Mann, keine Frau.

Neumond

Herrn K. verdanke ich viel. Eine Reihe üppiger Mahlzeiten und ein schönes Mädchen. Er war Gönner und Förderer junger Talente. Ein großzügiger, unabhängiger Mensch. Mich mochte er, weil er mich für begabt hielt. Oder umgekehrt. Er hielt mich für begabt, weil er mich mochte. Ich weiß es nicht. Als Student am Mozarteum in Salzburg war ich fraglos dankbar. Seine Abende waren ein Geheimtipp. Sobald das Essen auf der Terrasse offiziell vorüber war, wurde es, sagen wir, unziemlich und die Party begann. Der Hausherr stellte seine Räumlichkeiten im ersten und zweiten Stock zur Verfügung. Wer aber wollte, konnte weiteressen, weiterreden, sich blautrinken.

Ich blieb. Weil sie blieb. Sechs Meter schräg gegenüber an der langen Speisetafel war sie der einzige Mensch, der sitzen geblieben war. Und erst in dem Augenblick, in dem ich selbst den Stuhl zurückschob, fiel sie mir auf. Vorher saßen zwei Dutzend Esser dazwischen. Jetzt aber war die Sicht frei. Und sie war erfreulich. Während ich mich beiläufig wieder setzte, so als wollte ich nie weggehen, kamen aus den Lautsprecherboxen die Stones mit *As tears go by*. „Das ist mein Lieblingslied“, sagte sie, einfach so, sechs Meter weit weg am andern Ende, „komm, lass uns tanzen.“

Als ich auf sie zuging, war sie bereits aufgestanden. Ich wusste, dass ich jetzt gerade Glück hatte, nichts sagen musste, nichts vorführen musste, mich nur hingeben durfte an etwas, das so nachlässig und viel versprechend begonnen hatte. Wir nahmen uns bei der Hand und tanzten.

Der Abend hatte viele Höhepunkte und kein Ziel. Die Küsse reichten uns. Die waren schwer und endlos. Sodass wir Zeit brauchten, sie zu verdauen. Zudem hatten wir Angst, von Anfang an. Die 19-Jährige wohnte noch im Haus ihres (geschiedenen) Vaters. Und sie beschrieb ihn als einen muskulösen Eiferer, der noch jedem anderen Mann die Prügelstrafe mit Todesfolge (sic!) versprochen hatte, falls er ihn im Bett seiner Tochter ertappen sollte. Dass er das eigene Fleisch und Blut ebenfalls auslöschen würde, auch das hörte ich in dieser Nacht.

Wir beschlossen zu gehorchen. Was die Sehnsucht nicht bremste. Im Gegenteil. Die verordnete Keuschheit wirkte wie ein Aphrodisiakum. Schnell begriffen wir unsere langatmigen Schmusereien als Vorspiel auf den Tag X – die nächste Geschäftsreise des Vaters – jene Nacht eben, in der wir nichts falsch machen wollten.

Das wurde ein guter Sommer in Salzburg. Festspielzeit. Ich war ein Engel. Ein Engelskomparse im Himmelschor. Ein berühmter Burgmime spielte den Herrgott, und ich durfte dreimal „Halleluja" schreien. Der Herrgott als Hofschauspieler war großartig. Während ich ihm zujubelte, dachte ich an Linda und verstand mein dreifaches Gejohle als Ausdruck von Freude über jemanden, der von so zärtlicher Vehemenz sein konnte wie sie.

Eines Abends holte mich meine Freundin nach der Vorstellung ab und wir fuhren hinaus nach G., wo die Villa ihres Vaters stand. Sie lächelte hinterhältig und ich wusste, der Hausbesitzer war auf Reisen. Das war unsere Stunde, die Stunde X. Noch im Auto schlüpfte ich in die Badehose. Sie selbst trug unter dem T-Shirt und den Jeans einen weißen Bikini. Wir wollten „zuvor" baden. Im familieneigenen Swimmingpool, der zwischen Maulbeersträuchern und Rosenbeeten im Garten lag.

Die Nacht war seltsam dunkel und undurchdringlich. Eine solche Finsternis machte uns Mut. Wir tauchten ins warme

Wasser. Wer uns beobachten wollte, musste schon bis auf einen Meter herankommen um zu erkennen, was wir vorhatten. Wir zogen uns gegenseitig Bermudashorts und Bikini aus. Wobei wir nicht eine Sekunde vergaßen, dass alles, was wir jetzt mit uns taten und anstellten, mit möglichst wenig Lärm vonstatten zu gehen hatte. Keine hitzige Silbe, kein himmlisches Wonnegrunzen sollte uns entschlüpfen. Die unheimliche Angst vor dem Vater verließ uns nie, auch jetzt nicht, verschwiegen und wie hinter Glas vollführten unsere Lippen und Hände ihre Liebkosungen.

Der Boden des Bassins war abgeschrägt. Langsam bewegten wir uns auf jene Seite zu, wo uns das Wasser nur bis zum Bauchnabel reichte. Linda legte sich mit dem Rücken über den Rand und halbtrunken beugte ich mich nach vorne. Nichts wollte ich auslassen, nichts übersehen von dem, was sich so dunkel und verboten mir anbot. Gandhi fiel mir noch ein, der lästige Sittenapostel, der für derlei brisante Situationen empfahl, sich die Augen „sterilisieren“ zu lassen. Sozusagen als Notbremse. Ein Verrückter, dachte ich abwesend, und koste mit dem Mund über den ganzen Himmelskörper meiner Freundin. Wie alle Verliebten einer Sommernacht redeten wir süßen Nonsens:

„Magst du das?“, flüsterte ich.

„Und wie“, flüsterte sie zurück.

Vielleicht war es Einbildung, vielleicht wollte ich es einfach zu sehr, aber ihre Stimme klang so inständig, mit einem solchen Unterton von Alles haben wollen, dass ich glaubte, Zeit und Ort wären nun gekommen, um endlich das zu tun, was wir beide so närrisch ersehnten.

Noch immer war die Nacht dunkelschwarz und die Umgebung ohne verdächtiges Geräusch. Nur manchmal das heimliche Plätschern unserer kleinen Bewegungen im Wasser. Ich registrierte, dass ich fast bis zur Schmerzgrenze erregt war. Die schöne Nackte hatte sich inzwischen umgedreht, ihr Po und die Beine hingen im Wasser und starrten mich – so bildete ich mir ein – erwartungsvoll an. Now or never.

Linda muss meine Gedanken erraten haben, denn während ich ihr sacht und mit mühsam gezügelter Leidenschaft von hinten näher kam, sagte sie: „Tu's nicht. Du weißt doch, Neumond bringt Unglück." Ich wusste gar nichts. „Wieso denn das? Wer sagt, dass Neumond Unglück bringt?" – „Albert sagt das, er hat das zweite Gesicht."

Ich kannte Albert, ich mochte ihn. Der Hausmeister der Familie, ein ruhiger Alter, der umsichtig für das Anwesen sorgte. Augenblicklich aber hasste ich Albert. Ein Narr, das zweite Gesicht, Neumond und Unglück, nicht auszuhalten. Und in meinen Armen ein Kinderherz, das diesen Unfug tatsächlich ernst nahm.

Ich war ungerecht, natürlich. Und sauer und lüstern. Aber ich hielt den Mund. Albert hatte gesprochen, basta. Ich disziplinierte mich. Ein Überredungsbeischlaf kam nicht in Frage. Und Neumond dauerte nicht ewig. Wir kleideten uns an. Zwei Uhr früh war es bereits und mit dem „Gewehr über" machte ich mich auf den Weg zu meiner Studentenbude. Ich zwang mich zur Konzentration, vergaß alles Gewesene und materialisierte im Kopf meine wasserfüßige Zimmerwirtin. Ich entspannte.

Die Tage und Nächte vergingen. Und eines Nachts war wieder alles so, wie wir es die letzten Wochen über erhofft hatten. Der Alte jagte über ferne Autobahnen und Linda und ich – schier blöde vor Entsagung und Vorfreude – waren nun fest entschlossen alles, wirklich alles, nachzuholen.

„Komm", hatte sie am Telefon gesagt, sonst nichts. Typisch Linda. Wir gingen zu viel ins Kino. Kaum, dass uns noch ein normaler Satz unterlief. Wir redeten in Filmdialogen, das intensivierte unsere Sprache und verschaffte uns eine gewisse Exklusivität. Und ich kam, nein, ich rannte.

Ihr Zimmer lag im ersten Stock. Es war noch immer Sommer und die beiden Fenster standen weit offen. Ein paar Kerzen brannten und ohne zu zögern kroch ich zu ihr unter die Decke. Gierig und zart beschmusten wir unsere hungrigen Körper. Und irgendwann sagte sie zum zweiten Mal in dieser Nacht: „Komm“. Und diesmal war es ganz anders gemeint.

Dann ging alles rasend schnell. Vom Gartentor herauf zog ein kurzer, quietschender Ton, anschließend das Geräusch eines näher kommenden Fahrzeugs. Mein Gott, der Alte. Er hatte uns hereingelegt, hatte geblufft, von Terminen in Frankfurt und Hamburg keine Rede. Jetzt war er da, um uns die Lust aus dem Leib zu prügeln. Unsere fiebrig seligen Gesichter wurden zu Fratzen. Was für ein widerliches Gefühl, eine innig umschlungene Frau in panischer Angst loszulassen.

Keine Gedanken mehr, nur noch Reflexe. Flucht. Vielleicht hatten wir eine Chance, wenn ich unbemerkt verschwand, das hieße durchs Fenster. Ich zitterte, fetzte in die Hose – und sprang. Knapp drei Meter tiefer landete ich auf dem gepflegten englischen Rasen. Linda wusste, was sie jetzt zu tun hatte: Spuren verwischen, ein Päckchen o.b. auf das Nachtkästchen stellen und ein anständiges Buch zur Hand nehmen. So hatten wir das mehrmals durchgesprochen, und auf das Mädchen war Verlass.

Inzwischen hatte ich das Hemd übergezogen, stopfte die Slipper in die Hosentaschen und schlich barfuß um beide Ecken zur Vorderseite, zum Haupteingang. Nichts, kein Mensch. Mein Herz keuchte vor Aufregung. Rüber zur Garage, wieder nichts. Stockfinster. Der Alte konnte unmöglich schon im Haus sein. Seit den ersten Verdachtsgeräuschen waren vielleicht eineinhalb Minuten vergangen und der Weg vom Tor bis zur Garage war weit.

„Ja, der Herr Andreas, was machen Sie denn hier so spät in der Nacht?" Zuerst Herzstillstand. Dann das Wiedererkennen der Stimme Alberts. Als ich herumfuhr, begriff ich sofort: Neben Albert stand sein Fahrrad. Albert, der Radfahrer, die Garage, darüber seine Wohnung, das Quietschen, das Knirschen auf dem Kiesweg, unsere Hysterie, die zwischen einem bedrohlichen Sechszylinder und einem harmlosen Radfahrer nicht mehr unterscheiden konnte. Alles so klar, so easy, so harmlos.

Ich kann mich nicht erinnern, was ich geantwortet habe. Wohl irgendwie herumgestottert, von wegen Spazierengehen an der frischen Luft bei den alten Kiefern. Mir flossen die Salzperlen übers Gesicht, der kalte Schweiß einer eingebildeten Gefahr schimmerte auf meiner Haut. Ich hätte vor Freude losheulen können. Nur Albert und nirgends ein Vergeltung fordernder Großgrundbesitzer.

Ich versuchte, mir nichts anmerken zu lassen. Abwesend freundlich verabschiedete ich mich von dem Faktotum und schlenderte zurück Richtung Villa. Ich wusste, dass Albert den Mund halten würde. Er war zwar nicht ganz richtig im Kopf, besaß aber ein freundliches Gemüt. Intime Nachrichten behielt er für sich. Hoffentlich.

Kaum hatte ich die schwere, eisenbeschlagene Haustür hinter mir abgeschlossen, hörte ich von oben ein wüstes Geschrei. Ein jämmerliches, zeterndes Gekreisch. Ich startete durch, die Treppe rauf, den Flur entlang, die letzte Türe links, dort lag Lindas Zimmer. Dazwischen Gedankenfetzen: Der Alte durchs Fenster? Alles mit Albert ein abgekartetes Spiel? Weiter kam ich nicht, zu lächerlich, zu abstrus erschienen mir solche Überlegungen. Ich stieß die Tür auf, rasend vor Wut jetzt, auch unberechenbar geworden durch die Angst, die sich in einen Zustand blindwütiger Notwehr verkehrt hatte. Nun war ich bereit zurückzuschlagen.

Ein Blick genügte, der Alte war nicht da, nur Linda, noch immer im Bett, sie schrie, wimmerte, zitterte, rotzte sich ins Gesicht, kratzte sich mit den Fingernägeln über den Busen und schluchzte ununterbrochen: „Bitte nicht, bitte nicht.“

Sie hatte einen Nervenabgang, kein Zweifel. In Erwartung eines mordsüchtigen Vaters hatte sie vorübergehend den Verstand verloren. Während ich die Fenster schloss, durchströmte mich ein außergewöhnlich warmes Gefühl für diese Frau. Ich blieb ein paar Augenblicke still stehen, um es ganz auszukosten. Dann eilte ich ins Badezimmer, holte das Baldrianfläschchen und zwei Librium. Mit sanfter Gewalt musste ich mich an sie ranmachen. Sie schlug noch immer um sich und es dauerte, bis sie Tropfen und Tabletten intus hatte. Ich blieb neben ihr sitzen, umschloss sie mit meinen Armen, wiegte sie beruhigend hin und her. Das Sedativ begann zu wirken. Linda wurde leiser und schwerer, die Tränen stockten, sie schlief ein.

Ich bewegte mich lange nicht, veränderte nichts an der Umarmung. Irgendwann verlosch die letzte Kerze. Die Welt war totenstill. Wieder eine dieser schwarzen, undurchschaubaren Nächte. Mir dämmerte plötzlich etwas. Etwas Unglaubliches. Ich zog meinen Taschenkalender heraus, zündete das Feuerzeug an und suchte das heutige Datum. Da stand es:

Mittwoch, 25. August, Neumond.

Koitus interruptus

Eine Pekingoper fordert zur Gegenwehr heraus. Um nicht zu erlöschen im frenetischen, zweigestrichenen C der Akteure. Noch eins höher und Blut spritzt aus den Trommelfellen ungeübter Zuhörer. Griechische Rachegötter, so scheint es, wurden als Opernsängerinnen in China wiedergeboren. Ich ging trotzdem hin, wollte wissen, wie viel europäisch erzogenen Ohren zumutbar ist.

Der zweite Teil der Vorstellung fiel leichter. Während der Pause hatte ich Tara kennen gelernt, eine Ärztin aus Prag. Ab sofort teilten wir unser Leid. Wann immer die Hauptdarstellerin – in bohrendem Liebesschmerz befangen – nach vorn an die Rampe trat und ihr Elend mittels kreischender Kopfstimme aus sich herausquetschte, hielten wir uns gegenseitig die Ohrmuscheln zu.

Das chinesische Publikum litt nie, im Gegenteil, nach jedem Intermezzo brach jubelnder Applaus los, alle strahlten vor Glück. Das Ende jeden Begeisterungssturms war zugleich Gelegenheit, in ein mitgebrachtes Hühnerbein zu beißen, auf den Fußboden zu spucken und die verstopften Nasen leer zu rotzen. Eine wahre Katharsis, für beide Seiten. Spieler und Zuschauer hielten nichts zurück, schonungslos schleuderten sie alles aus sich heraus.

Hinterher schlenderten Tara und ich die Xichangan Strasse entlang, die mitten durch Peking führt. Der warme Wind aus der Wüste Gobi, der seit Tagen durch die Strassen wehte, tat gut. Wir waren uns versprochen. Ohne große Vorverhandlungen. Aber es eilte nicht, die nächtliche Stadt ohne ihre zehn Millionen Einwohner war ein kleiner Traum, den wir noch mitnehmen wollten. Außerdem hatten wir Sehnsucht nach den Bee Gees, nach echtem, samtenem Kitsch. Als Balsam, als erste Hilfe für die lädierten Gehörknöchelchen.

Vorbei am Regierungsviertel und der Verbotenen Stadt erreichten wir kurz vor 22 Uhr das Beijing-Hotel, wo man uns eine Diskothek versprochen hatte. Und einen Discjockey, bei dem man seine Wünsche anmelden konnte.

Aber China ist anders. Wir sind zu spät, erfahren wir. Witzig, wir hatten Angst, zu früh zu kommen. „No, you late", bellt man uns entgegen. Und dann, unvermeidlich: „Mejou!" Das Lieblingswort der Chinesen. Ein schadenfrohes „Gibt's nicht", das jede Diskussion im Keim erstickt. Ganz offensichtlich gab es die Disco nicht mehr. Wie auch immer, die Putzkolonnen waren schon aufmarschiert. Während die letzten Gäste noch ihren Campari tranken, tosten bereits fünf Staubsauger.

Zurück auf die Strasse, zurück zum Theater, wo ich mein Fahrrad abgestellt hatte. Wir saßen zu zweit auf, ich trat in die Pedale, Tara balancierte vor mir auf der Lenkstange. Schöner Zufall, wir wohnten im selben Hotel, eine bekannte Absteige für Westler. Auf dem langen Weg zum Quiaoyuan Guesthouse roch ich das Haar einer fremden Frau.

„Mejou!", hieß es auch hier. Wir standen an der Rezeption und baten um ein Doppelzimmer. Bisher schlief jeder von uns in seinem Dormitory, Männerschlafsaal, Frauenschlafsaal. Dreimal wiederholten wir unseren Wunsch, dreimal Mejou. Beim vierten Mal gab es ein Dreibettzimmer, das billiger war als ein Doppelzimmer. China ist anders.

Kurz vor Mitternacht wähnten wir uns in Sicherheit. Der Mond leuchtete auf unsere warmen Körper, und durch das offene Fenster quakten die Frösche vom nahen Kanal. Momente, in denen alles stimmte. Auch unsere sanften, flüsternden Stimmen. Weit weg schienen jetzt die letzten hundert Mejou und die ohrenzerfetzende Drangsal unglücklicher Opernsängerinnen.

China ist anders. Ich erinnere mich genau. Der selige Augenblick, in dem Tara und ich uns ganz nahe kamen, entpuppte sich als der Anfang einer barbarischen Geisterstunde. Donnerschläge krachten gegen die Tür. Mit Händen und Füssen knüppelte jemand von draußen gegen das Holz. Gleichzeitig ging das Licht an, ein hässlicher, weißheller Lüster strahlte auf unsere toderschreckten Leiber. Ich drehte mich um und sah am Oberlicht einen Mädchenkopf, der gebannt auf unser Bett starrte. Wobei die Hammerschläge nicht aufhörten. Es mussten also mindestens zwei Barbaren sein, die nun erbarmungslos über uns herfielen.

Mir schwindelte vor Wut, als ich mich von Tara löste, die bleich nach dem Leintuch griff, um sich zu bedecken. Ich wollte losrennen und ausholen. Aber nach drei Schritten überkam mich die perfide Lust, die Situation aufs Äußerste zu provozieren. Splitternackt und noch immer in unübersehbar sinnlicher Erregung stellte ich mich in die Mitte des Hotelzimmers, sah die Augen der jungen Chinesin, die hypnotisiert mich anglotzten, sah ihr zur Fratze deformiertes Gesicht, sah den angewidert verzogenen Mund.

Ich wollte meinen Auftritt als nackter Mann nicht übertreiben. Auch hörte der infernalische Lärm nicht auf, nicht das tückische Ein- und Ausschalten der gleißenden Lichtquelle. Kurz nach ein Uhr war es jetzt und ich musste etwas unternehmen, um nicht an der eigenen Raserei zu ersticken.

Ich zog die Hose über und entriegelte das Schloss. An der Uniform erkannte ich sogleich das Zimmermädchen, das für diesen Flur verantwortlich war. Neben ihr der Hausmeister. Augenblicke lang war mein Hass nicht zu bremsen. Eingedenk ihres brutalen Angriffs auf die Menschenwürde, vergaß ich kurzzeitig die Grundregeln der Völkerverständigung und stieß die beiden mit roher Heftigkeit von der Tür zurück. Ich holte nochmals aus, als sie einen nächsten Versuch unternahmen, das Zimmer zu betreten. Jetzt blickte der Hausmeister zum ersten Mal in mein Gesicht und begriff, dass ich ihn beim dritten Vorstoß zu Brei schlüge.

Eines wurde sofort klar: Schuld an diesem Skandal trugen wir selbst. Als Tara und ich die Treppen hoch stiegen, schlief die Kleine auf ihrem Stuhl. Hier wie auf jedem anderen Hotelflur der „Volksrepublik" saß eine Aufseherin, der Spitzel. Aus Rücksicht hatte ich die vielleicht 17-Jährige nicht geweckt, um ihr die Zimmerrechnung zu zeigen. Ich vergaß für Momente, dass China ein Polizeistaat war, somit jede Annäherung – mit wem auch immer – amtlich genehmigt werden musste.

So wird es gewesen sein: Irgendwann wachte das Mädchen auf, hörte „verdächtige" Geräusche und holte Verstärkung. Sex in einem nicht bezahlten Bett, so dachte sie wohl, rechtfertige jedes Mittel, um dagegen einzuschreiten. Und wäre es das hemmungslose Eindringen in die privateste Sphäre anderer. Deshalb die Oberlichte und deshalb der Lichtschalter im Gang, um von außen jeden Tatort ausleuchten zu können. Hat Orwell Recht, dann in diesem Land.

Ich zeigte den beiden die Rechnung und drohte im Wiederholungsfall der Ruhestörung mit Prügel. Mit viel Hirn waren die beiden nicht verwöhnt, aber das verstanden sie. Wortlos trollten sie davon, ohne ein Wort der Entschuldigung. Ich verschloss die Tür, drehte das Licht aus und klebte die gestrige Zeitung auf das Glas. Ich reise nie ohne Tesafilm.

Noch immer strahlte der Mond, noch immer quakten die Frösche. Vergeblich. Leblos und still lagen Tara und ich nebeneinander, nicht ein Funken Sehnsucht regte sich noch in unseren Körpern. Wir schliefen ein. Erst im Morgengrauen fiel uns wieder ein, warum wir in einem Doppelbett lagen. Wir kicherten, behutsam starteten wir einen zweiten Versuch.

Magda

„Jeder von uns macht einmal den Mund auf und redet darüber", so Norman Mailer, „und dann wird offensichtlich, wie wenig er davon versteht." Der Meister meinte unser Gerede von Sex. Das typische Männerprotzen. Die Auskenner beim Fachsimpeln. Die souveräne Ignoranz der Alleswisser. Mailers Behauptung klang wie ein Offenbarungseid. Er schrieb gerade an seiner Biographie über Marylin Monroe, als er sich zu dem giftigen Satz hinreißen ließ. Er ahnte wohl, dass die Göttin auf wunderbar wortlose Weise etwas wusste, was ihm entging. Um sich zu trösten, ließ er uns andere Männer auch nichts wissen. Vorsorglich benutzte er den Pluralis Modestiae: „Jeder von uns..." Wie treffend.

Mailer und ich haben folglich zwei Dinge gemeinsam. Wir gehören zu den (weniger zahlreichen) Männern, die ihre Ahnungslosigkeit zugeben und zählen zugleich zu den (überwältigend vielen) Männern, die nie Gelegenheit hatten, die Monroe kennen zu lernen. Als Auserwählter Marilyns sozusagen, im Duftkreis ihres sagenhaften Körpers, der alles wusste, wonach Mailer und ich (und der Rest) so hungern.

Immerhin gab es einen Unterschied zwischen Norman und mir. Zu meinen Gunsten. Der Unterschied hieß Magda. Hätte der amerikanische Schriftsteller von ihr erfahren, er hätte wieder zu hungern begonnen. Ich habe sie erfahren. Weil sie bereit war, meinen Hunger zu stillen. Wie den von (vielen, sehr vielen) anderen Männern. Ihre Großzügigkeit war unersättlich, ihr Körper von tiefer Weisheit, er wusste, er nahm nie, ohne zu geben.

Noch heute könnte ich nicht sagen, was erstaunlicher war: Der Sex mit ihr oder ihre Sexgeschichten. Beide waren exquisit und ohne jede Moral. Nichts bedrückte sie. Kein christliches Abendland, kein katholischer Beichtspiegel, nie war sie verdunkelt von bürgerlicher Heuchelei und der Mühsal, ihre Lust und ihre Lustorgane zu rechtfertigen. Sie war Haut und Natur, sie war sinnlich und unschuldig, sie war wahr, unheimlich wahr.

Ich bin Zeuge. Seit ich zum ersten Mal mit ansehen durfte, ja durfte, wie sich ihr Körper für jede kleinste Berührung bedankte. Wie schnell sich die Wonne in ihm ausbreitete, und wie aus der Glut ein Buschbrand wurde und aus dem Buschbrand ein Erdbeben. Und wie sie bald in eine selige Trance schleuderte, aus der sie erst erwachte, nachdem der Gipfelsturm abgeklungen war und sie mich verdutzt neben dem Bett liegen sah. Hinausgeworfen von ihrer stürmischen Wollust, die irgendwann alles vergaß, auch die Zeit, den Lover, die ganze Welt. Sie war so ausschließlich.

Das Ausschließliche, das war das Bestaunenswerteste.

Sie unterrichtete mich, ich lernte, bekam bald auch ein Gespür für den Moment, in dem ich Gefahr lief, wieder im Sturzflug ihren bebenden Schoss verlassen zu müssen. Dann griff ich nach dem nächstbesten Körperteil und hängte mich ein. So schlitterten wir gemeinsam. Nicht einmal war ich linkisch, war nie zu früh, nie zu spät. Auf nachlässige Weise sorgte Magda dafür, dass keiner zu kurz kam. Nein, so ist es falsch. Sie sorgte sich um gar nichts, sie gab sich einfach hin, an den Augenblick, an mich, an das unglaubliche Gefühl von Nacktheit und Freude.

Was sie so einzigartig machte, war – über allem – ihr Talent, einem Mann die Gewissheit zu vermitteln, er wäre ein bravouröser Liebhaber. Der Konjunktiv stimmt nicht, er *war* es. Weil sie so leicht entflammbar war. Weil ein Mann in ihrer (nackten) Gegenwart nichts falsch machen konnte. Wir waren alle so gut, weil sie so überragend war. Niemals bildete ich mir ein, dass ihre Ekstase von mir abhing. Trotzdem schmeichelte ihr Schreien und Flüstern.

Für alles andere war kein Platz. Magda sorgte dafür, dass das restliche Leben draußen blieb, außerhalb des Betts: Der Grind des Alltags, der Geschlechterkampf, die Angst, als tapsiger Beischläfer entlarvt zu werden. Immer ging ich als glücklicher, als beschwingter Mensch von ihr.

Magda war schnell im Kopf. Dolmetscherin, dreisprachig. *Cum laude* stand im Abschlusszeugnis. Wir lernten uns auf einem Studentenfest kennen. Schon in derselben Nacht – muss ich es noch hinschreiben? – flog ich aus dem Bett. Sie mochte mich sofort, sagte sie später einmal. Als ich grinsend erwähnte, dass sie viele andere auch sofort mochte, antwortete sie trocken: „Du hast Recht. Aber du hältst mir keine Moralpredigten." Das stimmte. Doch das Wichtigste war ihr entgangen: Ich beneidete sie, ich wusste, dass ich nie leicht werden würde wie sie.

Mit vierzehn verführte sie ihren ersten Mann. Mit fünfzehn wurde sie vergewaltigt. Ihre Lust behütete sie vor einem Trauma. („Um ein Haar hätte ich es genossen!"). Ihre Freundschaft zu Männern blieb intakt. Die kommenden Jahre beinhalteten eine kurze (müde) Ehe und eine (lange) Serie atemberaubender Höhepunkte.

Das wirft kein gutes Licht auf mich, aber so war es. Denn bisweilen verschob ich unser beider Sehnsucht nach Körper und Hitze, schindete Zeit, vermied das Bett. Weil ich vorher eine Geschichte von ihr erzählt haben wollte. Hier die erste:

Eines Nachts fuhr die Polizei mit Blaulicht in den dunklen Wald, weil besorgte Anwohner glaubten, die verzweifelten Schreie eines Gewaltopfers vernommen zu haben. Im Scheinwerferkegel der Beamten lag aber keine blutüberströmte Leiche, sondern die schweißgebadete Magda M. auf der Motorhaube eines Renault 5. Äußerst lebendig, da ein gewisser Norbert M. (nicht der Ehemann), ebenfalls unbekleidet und verschwitzt, sich an ihr zu schaffen machte. Was wiederum dieses missverständliche und überaus ekstatische Gebrüll seiner Partnerin auslöste. Einmal mehr hatte Magda alles um sich herum vergessen. Auch die Fürsorge von Mitmenschen, die ein Leben lang nicht auf die Idee gekommen wären, dass hier ein Beischlaf stattfand und kein Meuchelmord.

„Schreien im Wald ist doch nicht verboten, oder?“, antwortete sie auf die Androhung einer Anzeige wegen öffentlicher Ruhestörung. Magda hatte Glück, mit einer mündlichen Verwarnung kam sie davon. Das passte zu ihr: eine Abmahnung für zu viel Lust.

Warum sie so ausdauernd schrie, man wusste es bald. Magda hatte nie einen Orgasmus, immer nur Orgasmen. Keiner kam je allein. Einmal oben, einmal in Trance, legte nichts mehr sie still. Sie barst, ihr Körper floss über und trieb von einem Taumel in den andern. Ihre Begabung zur erotischen Hemmungslosigkeit, auch die hätte ich gern gehabt.

Immer wieder sahen wir uns. Trotz Trennung durch weit voneinander entfernte Wohnorte. Wie selbstverständlich begannen wir bei jeder Begegnung vehement zu kommunizieren. Es gab nichts wegzuräumen, nichts aufzubauen, nichts vorzubereiten. Sie gab wie immer alles her. In diesen wenigen Stunden breitete sie ihren Körper und ihre Geschichten vor mir aus. Sie heilte mich, versöhnte mich mit meinen Niederlagen bei anderen Frauen. War bedenkenlos Komplizin, wenn es galt, irgendeine Phantasie im Kopf mitten hinein ins Bett zu holen. Und sie hob meine Ressourcen, entdeckte in meinem Leib Möglichkeiten, von denen er bisher nichts ahnte. Alles an ihr war warm, alles von mir war willkommen. Kalter Sex war ihr fremd, so fremd wie die Scheinheiligkeiten der Monogamie.

Sie pflegte diesen unanfechtbaren Grundsatz, dass alles erlaubt sei, wenn nur die Teilnehmer – das mussten nicht unbedingt zwei sein – einverstanden waren. Seltsamerweise wollte sie von Sadomaso-Praktiken nichts wissen. Magda konnte sich nicht vorstellen, dass Sex mit Schmerzen zu tun haben sollte. Gab es eine absurdere Vorstellung? Sex war Freude, Freudenschreie, Seligkeit.

Eines ihrer Geheimnisse war die Tatsache, dass der „Geschlechtsakt“ (was für ein pompöses Wort) nichts Besonderes für sie darstellte. Das Heilige, das Unsagbare fehlte. Er war Alltag, gehörte zu ihrem alltäglichen Leben. Wie fremde Sprachen sprechen, wie atmen, wie denken. Sie wollte keinen Teil ihrer Gaben vernachlässigen. Sie war „schamlos“, im guten Sinne des Wortes, bar aller (falschen) Scham. Jeder Quadratzentimeter ihrer Haut blühte, nichts an ihr schien nieder gezüchtet von den Maßregelungen ihrer Umgebung. Ich hatte (diskret) über sie recherchiert und herausgefunden, dass sie einen „schlechten Ruf“ hatte. Das beruhigte mich.

Noch etwas fiel auf: Nie redete sie vulgär über Sex. Da sie mittels Sprache nichts nachholen musste, was im tatsächlichen Leben nicht stattfand, waren ihr unflätige Reden nicht geläufig. Da Sex sie erfüllte, sie ihn nie irgendeines Unglücks oder einer Schuld verdächtigte, war der Wortschatz, den sie diesbezüglich aktivierte, völlig normal, unaufgeregt, nur eindeutig und praktisch.

Nächste Geschichte: Magda lag in einer Privatklinik, die Gallensteine schmerzten. Ein hübscher Pfleger kümmerte sich um die hübsche Patientin. Nachts pflegte er sie weiter. So laut, dass sich andere Patienten – weniger intensiv versorgt – am nächsten Morgen beim Oberarzt beschwerten. Wieder hatte Magda die Spielregeln der Anständigen überschritten. Auch hinterher, als sie aussagen sollte, wer vom

Personal die Krankenhaus-Ordnung so unverzeihlich missachtet hatte. Sie hielt dicht. Und packte die Koffer. Diesmal reichte eine Verwarnung nicht aus, um ihre Lust zu bestrafen. Sie bekam Hausverbot. Sie bereute nichts, natürlich nicht. Sie bestellte ein Taxi und ließ sich die Steine in der nächsten Stadt zertrümmern. Gute Story. Sie zeigt, wie teuer sie für ihre Sinnlichkeit zu zahlen bereit war. Sie war nicht käuflich, ließ andere nicht für ihre Exzesse zahlen. Auch das machte sie schön und begehrenswert.

Sie widersprach allen Klischees. Weil ihre Sucht sie nicht ruinierte. Im Gegenteil. Der fast tägliche Umgang mit Sex gab ihr Kraft und Ruhe. Sie war eine disziplinierte Arbeiterin, belastbar, pünktlich, eigenverantwortlich. Keinen Tag lebte sie auf Kosten eines Mannes. Der Job einer Simultanübersetzerin forderte. Sie arbeitete gern und viel. Ihr Kopf war so hungrig wie ihr Geschlecht.

Eines Tages traf sie eine schwer wiegende Entscheidung. Aber sie zögerte und rief mich an, um meine Meinung zu hören. Das wurde ein langes und teures Gespräch, da ich zu diesem Zeitpunkt nicht in Europa lebte. Ihr Vertrauen ehrte mich, denn ihre Idee war spektakulär, ja aberwitzig. Ich war einiges gewöhnt bei ihr, aber jetzt ging sie einen Schritt weiter.

Sie wollte in einem „Cabaret" arbeiten. Nebenbei, abends, nach der Kopfarbeit. Sie betonte den Satz so anzüglich, dass man nichts falsch verstehen konnte. Das „Pink Inn" hatte statt einer Bühne fünfzehn Warmwasser sprudelnde Jacuzzis, in deren Mitte (nackte) Hostessen auf (nackte) Klienten warteten. Zur Verabreichung eines wohligen Schaumbads mit anschließendem Ganzkörperanschluss. Da wollte sie mitmachen. Aus schierer Geilheit? Aus plötzlicher Geldnot? Warum? Sie antwortete vage. Schulden sicher nicht. Irgendetwas lauerte in ihr, irgendetwas trieb sie. Ihre Bereitschaft, außergewöhnliche

Zustände auszuprobieren, war heftig und schubweise. Mehrmals hatte ich diese Versuchung zum Risiko an ihr beobachtet. Dass ihre drängende Sinnenlust bei diesen Unternehmungen nicht zu kurz kam, war wichtig, aber nicht alles.

Ich kannte sie zu gut, um wirklich überrascht zu sein. Selbstverständlich bestärkte ich sie. Ich war gleich lüstern auf die kommenden Geschichten, die sie mir erzählen würde. Sie versprach, mich auf dem Laufenden zu halten. Und hielt Wort.

Magda wurde aller Welt Liebling. Der Boss ließ sie von seinem Chauffeur abholen. Sie wurde sein Ass, sie sanierte den Laden. Und die Männer. Magdas Hilfsbereitschaft, ihr Raffinement und ihre Begabung, keinen genitalen Ernst aufkommen zu lassen, sprachen sich herum. Ihr Kundendienst war anders. Höflich, geduldig, teilhabend. Sie war das Gegenteil einer desinteressierten Schlampe, die missmutig ihre Geschlechtsteile zur Verfügung stellte. Sie war eine Gunstgewerblerin, ein Freudenmädchen, eine Wohltäterin. Sie war vielleicht die einzige Hure, die ihre Bezahlung als Zusatzbelohnung begriff. Zusätzlich zur Lust, die ihr widerfuhr. Ihre Genussfähigkeit war grandios. Diplom-Psychologen würden bestimmt mit dem Wort „Nymphomanin“ nach ihr ausholen. Geschenkt. Wäre sie es nur geblieben.

Nach ihrem ersten halben Jahr im Einsatz kündigte sie an, mich zu besuchen. Sie wollte über einen Vorfall berichten, der ihr vor einiger Zeit widerfahren war. Drei Tage später traf sie ein. Ich holte sie am Flughafen ab. Ich zähmte mich. Beides erregte mich, die Aussicht auf ihren begnadeten Körper und die Erzählung, von der sie gemeint hatte, man könnte sie fernmündlich nicht mitteilen. Zu verwegen, zu vermessen wäre sie. Wir fuhren zu mir und ich bekam beides. Ihren Leib und hinterher die Geschichte. Hier steht sie:

Ein Kunde hatte sie zu einer „private party“ nach G. mitgenommen, dem Nobelviertel der Stadt. Der Besitzer und die Besitzerin einer feinen Villa öffneten. Schon ausgezogen. Man vergnügte sich bald redlich zu viert. Jeder mit jedem, alle auf einmal, die Damen unter sich, die erschöpften Herren als dankbare Zuschauer. Dann plaudern, dann wieder alle zusammen. Das war vergnüglich und ein uralter Hut. Später holte der Hausherr hinterm Kaminsims eine geschmackvolle Schatulle hervor. Die Hausherrin reichte Rasierklinge, Handspiegel und einen Fünfhundertmarkschein. Es gab das beste Mittel, um ersten Erektionsschwächen entgegenzuwirken: Weißes, bitter schmeckendes Pulver. Die beiden Frauen snifften auch. Mit dem Kokain im Blut trieb das Quartett neuen Freuden entgegen. Es war lebhaft und lautstark, aber noch lange nicht der Höhepunkt des Abends.

Der kam kurz nach zwei Uhr morgens. Es war die Stunde, in der die vier – gerade wieder in einer Ruhephase – Champagner und Crackers konsumierten und der Villenhund, ein ausgewachsener Dobermann, sich nonchalant dem nackten Freundeskreis näherte. Drago, der schöne Rüde, machte die Runde. Bis er vor Magda stand, die entspannt am Fuß der schmalen Wendeltreppe saß, die hinauf zum Schlafzimmer führte. Drago roch, schnüffelte – und entschied sich. Seine Hundeerektion war eindeutiger Zeuge seines guten Geschmacks. Magda zögerte, jetzt doch für Sekunden im Kampf mit den bedrohlichen Stimmen eines abendländischen Gewissens. Dann drehte sie sich sacht auf die Knie und wartete auf ihren vierbeinigen Liebhaber. Er kam, sie kam. Nichts schien einfacher. Die unerhörte Geschichte endete in seliger Ermattung.

Wie ich sie bewunderte. Magda war eine Revolutionärin. Sie riskierte alles, um ihre Sehnsüchte nicht zu verraten. Ihr Mut den eigenen Ängsten gegenüber war beängstigend. Sie wich ihnen nicht aus, sie floh nicht, sie träumte nicht. Sie sprang, sie lebte.

„Bis zu jenem Tag", um ein Wort Otto Flakes zu zitieren, „an dem der Küster kam." Der Küster als Sammelbegriff aller Dünnmänner, die nichts anderes anzubieten haben als Sicherheit und Ewigkeit. Mein Erstaunen war uferlos. Das unergründliche Menschenherz, einmal mehr. Ein Männchen trat auf und verführte sie. Auf den Weg aller bürgerlichen Biederkeit. Sie heiratete ein zweites Mal, und alles hörte auf. Die Geschichten, die Lustschreie, die Suche. Sie war jetzt vierunddreißig, und die Angst vor der zweiten Hälfte ihres Lebens schien plötzlich unermesslich. Mehr war aus ihren wenigen Briefen nicht herauszulesen. Magda verwitterte, sie wurde still und unheilbar zufrieden. Wobei sie nicht nachließ in ihrer Radikalität. Jetzt eben eine radikale Spießerin wurde. Nicht viele Klischees blieben übrig, die sie nicht nachholte. Die Revolutionärin und ihr Feuer waren erloschen.

Eines Tages kam ein Einschreiben. Diesmal von ihrem Ehemann. Darin verbat er sich „jeden weiteren Briefverkehr mit meiner Frau." Ich wollte witzig sein und antwortete, dass mir nun auch dieser Verkehr versagt bliebe. Aber ich war bitter, ich wusste, der Ehemann hatte Recht. Es war vorbei. Es gab nichts mehr zu wissen, nichts mehr zu erfahren, nichts mehr zu lachen.

Last Exit

Im Angesicht des Todes

Die Aufnahme zeigte das Gesicht eines Mannes, den eine Hand streichelte. Das Gesicht lag auf einem Kopfkissen und sah jung und verwüstet aus. Der Text darunter: „Aids-Patient in Thailand." Sonst nichts. Das Bild stand in einem amerikanischen Magazin. Ich rief den Fotografen James Nachtway an und fragte ihn nach dem Ort, wo das Foto entstanden war: in einem buddhistischen Kloster, drei Zugstunden von Bangkok entfernt.

Kurz darauf kam ich dort an, als Reporter. Zu spät, natürlich. Der Mann war bereits tot. Die Hand, erfuhr ich, gehörte Christina, einer jungen Frau aus Europa. Sie war inzwischen abgereist. Sie hatte hier gearbeitet. Ich wollte ihr sagen, wie sehr mich diese Geste berührt hatte. Und ihr einen Satz von Jean Cocteau schenken, den ich selbst einmal geschenkt bekommen hatte: „Es gibt keine Liebe, nur Beweise der Liebe." Ein trockener Satz, der das Betroffenheitsgestammel von Handlungen unterscheidet, die Wärme und Nähe erzeugen.

Drei Jahre später bin ich wieder im Kloster Prabat Nampu. Nicht als Reporter, sondern als „volunteer", als „Freiwilliger", als einer, der das *Aids Hospice* ein paar Wochen verkraftet. Wie andere vor mir. Als Handlanger und Hilfskraft. Die Mittel sind knapp. Jeder, der Windelnwechseln und einen oder zwei Tote pro Tag aushält, ist willkommen.

Verschiedene Motive drängten zu dem Entschluss. Im Süden Sudans antwortete eine kanadische Ärztin auf meine Frage, warum sie sich Bürgerkrieg und Malaria zumute: „Es wurde Zeit, dass ich etwas zurückgebe." Diese Reaktion passt zu jemandem, der in einer der Luxusnationen wohnt. So eine leise, penetrante Stimme in uns kommt da zu Wort, die zum Teilen auffordert. Nicht gleich alles, aber etwas, das schon.

Zweiter Beweggrund: Schiere Dankbarkeit, bin ich doch – wie viele andere – ein Davongekommener, einer, der nicht mit dem Tod bestraft wurde für jede Leichtsinnigkeit. Nicht gleich leiden und sterben musste für den erstbesten Akt von „unsafe sex". Ein Glück, das mir so wenig zusteht wie dem Glücklosen sein Unheil.

Und noch ein Impuls lässt mich zurückkommen: Mein Zynismus. Ich will wissen, ob sie hier noch immer mit dem Treibstoff arbeiten, den der leitende Abt damals erwähnte: „Compassion", so eine buddhistische Ausgabe von Anteilnahme. Eben Anteil nehmen an einem, dem es dreckig geht. Oder ob die Entertainment-Nutten schon angeklopft haben. Damit aus dem Dritte-Welt-Laden endlich ein Geschäft wird. Ob schon ein *Big Brother-Big Aids*-Format im Gespräch ist.

Wer verreckt als Erster?
Wer fliegt zuerst?
Wer röchelt am dramatischsten?

Von alldem nichts. Als ich an einem Montagmorgen das Gelände betrete, hat sich an der Anmut nichts verändert. Das Kloster liegt noch immer am Fuße einer dicht bewaldeten Hügelkette, ein paar Kilometer außerhalb der Stadt Lopburi. Flachbauten mit hellgrünen Dächern stehen zwischen Akasia-Bäumen und Bougainvillea-Sträuchern. Von einem der Gipfel blickt eine weiße Buddhastatue. Ein Hund liegt in der Sonne, Vögel schwirren, von fern kommt ein verdächtiger Huster. Stille.

Als erster Mensch läuft mir Mister Thawin über den Weg, der „cremation man". Er verbrennt hier seit Jahren die Leichen. Er trägt noch immer sein Walkie-talkie am Gürtel, er muss erreichbar sein, Tote stinken schneller in der Hitze. Thawins Arbeitsplatz scheint gesichert. Dass ich ihm zuerst begegne, wie sinnig. Als begänne am Tor ein Crashkurs in Buddhismus: Mach dir keine Illusionen, wer hier landet, muss sterben.

Problemlose Anmeldung, in Thailand lächeln sie, wenn sie einen Fremden sehen. Nur ein Formular mit Namen und hiesiger Anschrift ausfüllen. Dazu die Bitte, ein Blatt zu lesen, auf dem unmissverständlich die „regulations" stehen, Auszüge: Achte auf deine Sprache, sei dir der „Gefahr eines Wortes" bewusst. Keine Gewalt, auch keine verbale, gegen Mensch und Tier. Keine Drogen, kein Alkohol, keine Zigaretten, kein Sex auf dem Gelände. Das Kloster übernimmt keine Verantwortung für etwaige Verletzungen und Infektionen. Respektiere den Glauben jedes Patienten, jeder Versuch, ihn zu ändern, ist untersagt.

Hilfreich wäre, sich auf die Stunde vorzubereiten, in der man den Raum mit den Aids-Kranken betritt. Erdgeschoss, ein Mittelgang, links und rechts die knapp vierzig Betten. Wer hier liegt, liegt im Endstadium. Vor dem Ausgang stehen die gestapelten, noch leeren Särge, jeder sieht sie jeden Tag, jeder weiß, dass keiner davonkommt.

Von den Krankenschwestern, die 1999 hier gearbeitet haben, sind alle weg. Nicht verstorben, aber erschöpft von den Zumutungen, denen auf Dauer die wenigsten standhalten. „Golf" – Thais lieben Kosenamen – begrüßt mich scheu, die neue Oberschwester reicht Mundschutz und die „Anan-Balm"-Creme. Das ist ein Augenblick wunderbaren Einverständnisses. Frage Irgendeinen, der Tage und Nächte im Bett liegt, was er sich am innigsten wünscht, und er wird antworten: „Eine Massage." Weil sie ein Wohlgefühl verbreitet, weil sie die Blutzirkulation in dem verkümmernden Leib stimuliert, weil einer spürt, dass ein anderer sich seiner annimmt.

Das ist ein besonderer Moment. Denn alle Patienten, die noch die Kraft haben, schauen auf den Neuen. Mit Sympathie und Zurückhaltung. Sympathie, weil sie wissen, dass die meisten Fremden kommen, um Tätigkeiten zu verrichten, die ihnen gut tun. Zurückhaltung, weil sie auch wissen, wie sie aussehen, schon erfahren haben, dass sie oft Schrecken und Widerwillen auslösen. Zuletzt: Jemanden anfassen, meist noch auf bloßer Haut, ist ein intimer Vorgang. Er bleibt es, selbst wenn er medizinisch gerechtfertigt ist.

Niu hat Nachsicht mit mir und lächelt herüber. Als ich auf ihn zugehe, heben zwei andere bereits die Arme, sie wollen sich anmelden. In Prabat Nampu muss keiner intensiv nach Arbeit suchen, sie wartet vierundzwanzig Stunden auf ihn.

Niu hat Charme. Während ich seine Beine einreibe, klärt mich der 28-Jährige auf. Das ist seine Art, uns zu entspannen: „I am ladyboy", sagt er nonchalant. So heißen In Thailand jene Männer, die lieber als Frauen auf der Welt wären. Viele verbringen ihr Leben als Transvestiten, viele werden Transsexuelle und lassen sich operieren. Niu fasst mit Stolz an seinen Kunstbusen: „Hat mich 47.000 Bath gekostet." (Knapp 1000 Euro.) Fürs „cutting", so nennt er das, fürs Entfernen seines Geschlechts, besaß er kein Geld mehr. Auch kam die Krankheit.

Ladyboys gehören zu den Gefährdetsten im Land, die meisten verdingen sich als Prostituierte. Was ihnen eher leicht fällt, denn – die Massage zieht sich, Niu sucht listig nach Worten – die neugeborenen „Frauen" müssen sich immer wieder bestätigen, dass sie als Frauen begehrt werden. Jeder hungrige Blick auf sie, jeder Beischlaf ist ein Beweis für ihre jetzt so andere Existenz. Auf die Frage, wie er es mit dem Einsatz von Kondomen gehalten hat, entkommt dem hübschen Zwitter ein abschätziges: „Don't like."

Niu will niemanden belasten, auch nicht sich selbst. Er glaubt noch nicht an den Tod. Auch wenn er täglich am Tropf hängt. Seine Haut wurde bisher von (sichtbaren) Verwüstungen verschont. Den Verlust von zwanzig Kilo Fleisch will er nicht sehen.

Drei Betten hinter Niu liegt Huang. Sie hat sich vorher nicht gemeldet, sie kann nicht mehr. Aber Nuden, eine der Krankenschwestern, deutet auf sie. Huang liegt auf dem Rücken, abgezehrt wie ein verhungernder Vogel, ihre abgewinkelten Arme und Beine ragen wie schmutzig-graue Latten in die Luft. Als sie mein Gesicht wahrnimmt, bewegt sie den Zeigefinger langsam Richtung linke Schläfe. Das wird unsere Geste für die nächsten Wochen, sie ist stumm und bestimmt: „Bitte, eine Kopfmassage." Mit 133 Zentimeter Körpergröße wurde die 61-Jährige eingeliefert. Jeden Tag scheint sie zu schrumpfen. In ihrer Krankenakte ist unter „Wie infiziert" der dritte Kreis angekreuzt. Weder ungeschützter Sex, noch eine dreckige Heroinnadel, Ursache: „unbekannt". Weiter unten steht: „Nach dem Tode niemanden verständigen." Der Satz kann verschieden interpretiert werden: Huang hat keine Verwandten oder die Familie will nichts wissen von ihr. Möglich auch: Die Kranke schämt sich ihres Zustands und keiner soll davon erfahren.

Sacht über die Stirn des Vogelgesichts streichen. Später über Wangen, Kinn, den Nacken. Herausfinden, wie viel Druck Wohlbefinden verschafft und wo der Schmerz anfängt. Ungeschriebenes Gesetz: Eine Massage dauert mindestens 45 Minuten. So haben beide Seiten Zeit, sich aufeinander einzustellen. Keine AOK-Knete mit Stoppuhr, dafür beharrlich und ausdauernd sich auf einen Körperteil nach dem andern konzentrieren. Irgendwann zahlt die winzige Ex-Schneiderin mit dem Besten, was ein Masseur verlangen kann, sie schläft ein.

Wie verschieden Aids seine Opfer zurichtet. Manche haben einen ansehnlichen Körper und sind todkrank, manche sehen aus, als träten sie in den nächsten zehn Minuten ab, und leben länger als die Ansehnlichen. Der Tod scheint launisch. Auch wahr: Manche Gesichter werden bei der Annäherung an den Tod schöner, die Augen wirken größer, klarer, eindeutiger. Jene Gesichter, die einverstanden sind?

Ein paar Schritte von den Krankenbetten entfernt steht ein kleiner Kiosk, mit Kühlschrank. Daneben ein paar Bänke im Schatten. Nach zwei Patienten, nach zwei Massagen ist eine Pause fällig. Um eine eiskalte Flasche Limonade an das schweißgebadete Gesicht zu drücken. Im Sommer ist Regenzeit in Thailand, das Thermometer zeigt 37 Grad, die Luftfeuchtigkeit liegt bei über 82 Prozent.

Ich treffe Mali, eine junge Japanerin aus Yokohama, sie hat „Vergleichende Literaturwissenschaften" studiert und arbeitet ebenfalls als Hilfsmasseurin und Putzfrau im Kloster. Ich werde sie später diskret beobachten und etwas Wichtiges von ihr lernen. Jetzt verführt sie zu schallendem Gelächter, weil sie wissen will, ob es stimmt, was sie in einer japanischen Zeitung über die Werbestrategien der deutschen Bundesbahn gelesen habe: „Wer sich als frisch vermähltes Paar vor dem Eingang eines Bahnhofs küsst, darf umsonst fahren." Mali wird eine besondere Erfahrung. Oft strahlt sie Heiterkeit aus, so eine bedächtige Power, so was gleichschwebend Starkes, das sich nicht irritieren lässt.

Gefasst einatmen und die dreißig Meter zurückeilen, an den Särgen vorbei und mit keiner Pore dem Geruch des Elends ausweichen können: einer Mischung aus warmem Urin, warmem Kot, Erbrochenem und Darmwinden, die wie träge Stinkbomben von einer Ecke zur anderen wabern. Dazu das Stöhnen, die Hustenanfälle, die Schreie nach Hilfe, die Stimmen der Träumenden, das Stammeln der Schwermütigen, die Monologe der wirr gewordenen Einsamen. Ich schließe die Augen, will eine Ahnung bekommen vom Leben und Sterben hier, Tag für Tag, Monate lang, Jahre lang. Der Versuch scheitert, man braucht jedes Gramm Energie, um es mit der Gegenwart aufzunehmen.

Ich komme zur rechten Zeit. Eo, Nuden und Oy, die drei Krankenschwestern, reinigen gerade Patienten und Betten. Nuden hat sich vorgenommen, keinen Fremden zu schonen, sie zeigt auf Supanchai, der Mann liegt unübersehbar in seinen Exkrementen. Wie vor zwei Stunden, wie wohl in zwei Stunden wieder. Ihr Kopfnicken soll mich ermuntern. Ich zucke und beschließe, einen Tag Anlauf zu nehmen. Auch war ich nie Vater, habe keinen Schimmer von Windeln aufmachen und Windeln zumachen. Mutmaße auch, dass es uns allen hilft, wenn man sich erst an ein anonymes Gesicht gewöhnt. Stellt sich doch wieder die Frage nach der Intimität. Was denkt so ein Mensch, wenn ein Unbekannter ihn auspackt, ihn so hilflos erlebt, ihn an den privatesten Körperstellen berührt?

Ein Zwischenfall kommt mir zu Hilfe, ein Patient fällt aus dem Bett, das Seitengitter war nicht oben. Es gibt ein sonderbares Geräusch, wenn ein Knochengerüst auf dem Fußboden aufschlägt. Es klirrt, ähnlich Glastuben, die nicht brechen. Ich hieve das Skelett zurück, das lenkt ab, um Supanchai kümmert sich Oy, ich bekomme den Tag Schonfrist.

Am späten Nachmittag massiere ich Gampa, zu einem großen Fötus ist ihr Körper geschmolzen. Sie ist vierundzwanzig und ihr Gesicht sieht aus wie vierzehn. „Sexworker“, steht in ihrer Akte, das Mädchen hat sich beim Straßenstrich das Virus geholt. Da Thai-Männer gern betrunken der schnellen Liebe nachgehen, scheint oft nicht der Wille vorhanden, nach einem Präservativ zu greifen. Ein Ring aus Schorf rahmt Gampas Gesicht. Schwarze Kruste wuchert über die Ohren, über Teile der Wangen, kriecht unaufhaltsam Richtung Augen.

Nach der Stunde umarmt mich Gampa – ich denke aus Dankbarkeit – und drückt ihre Finger auf meinen Rücken. Verstanden: schon dankbar, aber vorher wäre noch eine Rückenmassage fällig. Die letzte in ihrem Leben. Morgen wird Gampa sterben.

Fröhlicher nächster Vormittag. Mit Einblicken in schwärzesten Humor. Fünf Ladyboys sitzen zusammen und schminken einander, zupfen sich die Barthaare, tragen Lidschatten auf, stecken eine Blume hinters Ohr. Diese Sehnsucht nach Schön sein, sie macht zweifellos resistenter. Ich frage, ob in der vergangenen Nacht jemand gestorben sei. Nein, niemand. Dann zeigt Hamna, schon lachend, auf das offensichtlichste Wrack unter ihnen und sagt jubelnd: „Doch, er!“. Jetzt freudigstes, krächzendes Gehüstel von allen, auch vom Wrack.

Im Laufe des frühen Abends singt jemand im Radio „Happy birthday to you“, und einer der Patienten schmettert: „Happy deathday to you!“ Fürchterlich krank sein und noch immer geistreich, man kann nur staunen und lernen.

Gespräch mit dem fünfzigjährigen Abt Alongkot Tikkapanyo. Er verfügt wie stets über diese spektakuläre Konzentration. Er spricht, wenn er spricht, er hört zu, wenn er zuhört. Die Geschichte dieses Klosters beginnt mit einer Niederlage. Der damalige Ingenieur wird von einer Frau verlassen und beschließt, sein Leben zu ruinieren. Er fängt an, durch Bangkoks Bars zu wanken.

Da Tikkapanyo zu jenen Männern zählt, die ganze Sachen machen, setzt er sich grundsätzlich – nach den Touren – alkoholdumpf hinter das Steuer seines Wagens. Er übersteht (leicht verletzt) vier Unfälle, nach dem fünften kommt er mit schwer verbeultem Körper in einem Krankenhaus-Bett zur Besinnung. Jetzt ist Zeit nachzudenken. Und er entscheidet sich wieder für einen radikalen Ausweg. Er zieht die orangefarbene Robe eines buddhistischen Mönchs über, will alles hergeben, will meditieren, will „sein Herz waschen".

Knapp sechs Jahre, sagt er, saß er „friedlich allein" in einer Höhle, bettelte, betete, versuchte zu vergessen. Und erinnert sich eines Tages an das erste Gebot Buddhas, das Gebot des Mitgefühls, begreift, dass in einer Grotte hocken der Welt nicht weiterhilft. Er verlässt die Einsamkeit, wandert zurück nach Bangkok, geht in die Hospitäler und erzählt vom Wunder der Meditation und deren phantastischen Nachwirkungen für alle, die leiden. Zufällig gerät er in einen stickigen Abstellraum, in dem seltsam entstellte Kranke siechen. Nie zuvor hat er das Wort „Aids" gehört. Als der erste dieser Verstoßenen in seinen Armen stirbt, reift ein Plan in ihm. Herbst 1991 zimmert er aus dem heruntergekommenen Tempel Prabat Nampu ein erstes Nothilfe-Lager. Andere Mönche kommen hinzu und helfen mit. Einige erliegen bald selbst dem hinterhältigen Erreger.

Mit acht Patienten fing es an, heute sind es zweihundert. Ein paar Tausend stehen auf der Warteliste. Wer noch gehen und sich selber waschen kann, lebt in sauberen Baracken, mit Nasszelle und kleiner Veranda. Keiner wird hier gerettet, aber jeder soll eine Umgebung vorfinden, in der er „in Frieden und Würde" sterben kann. Nie hört man Tikkapanyo das Wort Moral aussprechen, nie ist Aids eine Strafe, nie eine Strafe Gottes, immer ein Unglück. Auch züngelt er nicht versessen gegen Sex und Drogen. Wenn er mahnt, dann zu Umsicht und Hilfsbereitschaft. Das Unternehmen lebt von Spenden, seit langem tingelt der Chef über Land und appelliert an jedermanns Großzügigkeit. Begleitet wird er dabei von der „Aids-Band“, einer Musikgruppe, deren fünf Mitglieder alle von der Immunschwäche befallen sind.

Der Abt zeigt noch ein paar Fotos von den Aktivitäten vor Ort. Am aberwitzigsten der Blick auf ein halbes Dutzend Männer, die mit Windeln um die Hüften und einem Sarg über den Schultern um die Wette stolpern. Um nach dem Rennen einen Preis zu gewinnen. Andenken an die immer zum Neujahrsfest stattfindenden „Aids-Olympics“. Die brutale Ironie funktioniert nur, weil die Idee zu den makabren Spielen aus den eigenen Reihen kam. Absurdes Theater als Sterbehilfe, als rabiates Mittel, die eigene Todesangst zu schwächen. Um nicht irre zu werden beim Gedanken an das nahe Ende.

Noch immer scheint der Ort wie unter Quarantäne zu stehen, noch immer gelten nicht die Faustregeln des Neoliberalismus, noch immer bleiben die Aufrufe zu Habgier und Protz außer Kraft.

Die Tage vergehen. Am zehnten bin ich zweieinhalb Kilo leichter, die Hitze, die Schweißströme, der permanente Anblick von denen, die achtundvierzig Stunden lang abkratzen, bevor sie sterben dürfen. Meine Haut bedecken rote und weiße Pusteln, die Krätze plagt, ein gemeiner Juckreiz nervt. Das sind die Momente, in denen ich verstohlen zu Mali blicke. Um Beharrlichkeit zu bewundern. Weil sich die Japanerin mit unfehlbarer Aufmerksamkeit um die spindeldürren, wie von rissigem Pergamentpapier überzogenen Extremitäten der Kranken kümmert. Sie ist „da“, vollkommen anwesend.

Teil der Politik des Hauses ist auch, dass Besucher aus ganz Thailand durch das Krankenhaus geführt werden. Der Schock soll aufwecken, die greulichen Bilder sollen zu einem anderen Verhalten motivieren. Viele Soldaten befinden sich unter den Neugierigen, gut so, dieser Berufsstand gilt im Lande als besonders zutraulich zu Prostituierten. Und als besonders heldenhaft blöd beim Verweigern entsprechender Schutzmaßnahmen.

Eines Tages kommt es zum Eklat. Eine Gruppe Baptisten aus San Francisco – „Sunset" – geht durch die Reihen. Vor Chatree bleiben sie stehen. Ich nähere mich diskret und beobachte den Leiter der zehn, wie er auf den Dämmernden einredet. Sofort fällt die ölige Selbstgefälligkeit auf, mit der jene sich gebärden, die täglich mit Gott verkehren. Die Prediger gehören zu dem hier immer wieder auftauchenden Missionarsgesindel, das sich über ihre malträtierten Opfer beugt und fragt: „Hast du schon mal von Jesus Christus reden hören?" Man weiß nicht, was schwerer wiegt, ihr Idiotismus oder ihre Erbarmungslosigkeit. Da mag einer aus dem letzten Loch ächzen, sie, die Großgrundbesitzer ewiger Wahrheiten, umzingeln sein Bett und schwadronieren (auf Englisch!) von den Wundern des Gottessohnes.

Ich bin froh, dass ich diesmal Zeuge bin. Ich verweise die Wichtigtuer auf die Statuten, wiederhole wörtlich den Passus – „Respektiere den Glauben jedes Patienten, jeder Versuch, ihn zu ändern, ist untersagt" – und kündige an, die Klosterleitung zu informieren, sollte der Schwachsinn nicht augenblicklich aufhören. Sie trollen sich. Man kann nur mit Genugtuung zur Kenntnis nehmen, dass alle Versuche christlicher Rechthaber, den Thais ihre allein selig machenden Weisheiten einzubleuen, von gleich bleibend geringem Erfolg begleitet werden.

Ein belgischer Arzt arbeitet in Prabat Nampu, seit über zwei Jahren. Warum er durchhält? Ohne Gehalt, ohne Absicherung? Yves W. bleibt vage, erwähnt sein nagendes Gewissen, seine eigenen (gescheiterten) Fluchtversuche, weiß, dass es keinen Vorgänger gab und so bald keinen Nachfolger geben wird. So mancher kam, um nach kurzer Zeit wieder abzurauschen. Ärzte wollen Leben retten, nicht ihren Patienten beim Sterben zuschauen. Der 45-Jährige kann auf eine Tuberkulose und schwere Melancholie-Schübe zurückblicken. Er nimmt Prozac. Prabat Nampu fordert und wirkt zu gleicher Zeit, so meint er wörtlich, „wie ein High": Weil es in tiefste Empfindungen führt. Weil Einsichten auf einen warten, die ein Leben reicher machen. Hier passiert das Gegenteil von virtuell, von spaßig, von lauwarm.

Yves verabreicht Antibiotika, bekämpft mit den vorhandenen Mitteln die so genannten „opportunistischen Infektionen", die über den immunschwachen Körper herfallen. Droht jemand vor Schmerz in den Irrsinn zu gehen, verabreicht er heimlich ein Morphiumzäpfchen. Wenn vorhanden. Heimlich, da das Hospiz kein Krankenhaus ist, somit die Lizenz für schwere Betäubungsmittel fehlt. Der Arzt lobt die holländischen und deutschen Freiwilligen, die ihn – auch still und unauffällig – mit dem Medikament versorgen.

Der Arzt hat Erfahrung, oft sieht er, wenn es zu Ende geht. Eines Vormittags holt er mich an ein Bett und bittet, „die Sterbende zu begleiten". Auch das hier eiserne Grundregel: Keiner soll alleine sein beim Weggehen. Ganz praktisch: einfach dasitzen, die Hand nehmen, Zeit haben. Taweens Hände sind bereits kalt und blutleer. Aber die 28jährige – laut Unterlagen von ihrem Ehemann angesteckt – atmet noch. Sie schläft mit halb geschlossenen Augen. Dazwischen lange Pausen, dann ein Ruck, wieder springt das Herz an. Eine halbe Stunde lang der immer gleiche Rhythmus, plötzlich ein Gurgeln, zwei, drei Konvulsionen des Körpers, Stille. „Einen schönen Tod", nennen sie das hier. Weil ohne Bewusstsein, ohne Schreie, ohne den Wunsch, am Leben zu bleiben. Dennoch, sterben neben einem wildfremden Menschen, ist das schön? Aber vielleicht wiegt doch, dass *ein* Mensch da war, dass *einer* Anteil nahm.

Andere Patienten haben mehr Glück. Wie der freundliche Paipun, der sich nach jeder frischen Windel mit dem Wai bedankt, dem Händefalten vor dem Gesicht. Als ich heute vorbeikomme, umarmt eine Frau seinen nackten, zerschundenen Oberkörper. Wir begrüßen uns, sie sagt: „Ich bin sein Freund". Das ist ein guter Satz. Nicht Freundin, nicht Frau, einfach: Freund. Als ob Sajee von Henry Millers Bemerkung wüsste: „Freundschaft ist etwas jenseits von Liebe". Die junge Frau versteckt ihre Augen hinter einer Sonnenbrille, wendet sich manchmal ab.

Da mag einer tausend Mal an die Wiedergeburt glauben, tausend Mal an ein Nirvana und seinen ewigen Frieden. Aber jetzt stirbt einer, der geliebt wird. Der ein Freund ist. Diesen Schmerz beschwichtigt in diesen Stunden nichts, keine Religion, keine Philosophie, keine Sprache, nichts.

Jeden Tag bin ich bei Noy, auch heute, am letzten. Er mag meinen Bizeps anfassen, ich mag sein skeptisches Grinsen. Der ehemalige Gemüsehändler hat gerade eine wuchernde Krätze hinter sich, die Haut blättert. Unübersehbar sein hellrosa Penis, den Pilze, Herpes und eine Horde Bakterien heimsuchen. Am entmutigsten: Den 33-Jährigen treibt nichts mehr an, seit einer Woche knebelt ihn eine stumm machende Depression.

Ich soll mit ihm spazieren gehen, so der Arzt, damit die Lebensgeister zurückkehren. Nicht leicht, seine Freude wieder zu finden, wenn einer gleichzeitig zusehen muss, wie ihm täglich der Leib abhanden kommt. Wir fangen an: Die volle Windel wegziehen, säubern, den Körper im Bett aufsetzen, Pause, ihn auf beide Füße stellen. Nun der Augenblick, in dem Noy dasteht und zu Boden blickt. Als müsse er darüber nachdenken, ob sein Leben diese Mühsal noch wert ist. Es ist absolut still und Noy scheint sehr einsam.

Ich lege die Hand auf seinen Nacken und er tippelt los, Richtung Toilette. Noy grinst jetzt, er hat sich entschieden. Mit nur einem Stopp schafft er die zehn Meter zum Bad. Ich greife ihm unter die Achseln und setze ihn auf die Klobrille. Noy unternimmt einen schwachen Versuch, mich abzudrängen, ein Gefühl von Scham holt ihn wohl ein. Ich bleibe, zu groß die Gefahr, dass sein eckiger Hintern in die Schüssel rutscht. Noy entleert sich, mehrere Durchgänge, selbst der Stuhl ist eine infame Anstrengung. Anschließend den Todkranken hoch hieven, ihn waschen, trocknen, ein Handtuch umbinden, zuletzt gemeinsam hinausgehen, Schritt für Schritt. Bis wir die Terrasse erreichen. Noy dreht sich langsam um die eigene Achse, grinst wieder, bleibt stehen, sieht stumm auf die verdammt schöne Welt.

G - wie Gefahr

Es geschah an einem Strand auf Bali. Sie hatten mich vor den Strömungen gewarnt, aber damit hatte ich trotzdem nicht gerechnet. Ich stand bis zu den Knien im Wasser, nicht tiefer, und plötzlich zog ein Riese an meinen Füßen, so scheiß groß wie der Ozean. Und ich kam nicht dagegen an, ich kam nicht raus, ich kam nicht mal nicht von der Stelle, ich kam ins Meer. Was soll ich sagen, volle Pulle Kraulen in Richtung Strand, in Richtung Mädels, in Richtung Leben ganz allgemein. Ich habe die Minuten nicht gezählt, vielleicht eine, vielleicht zwei, die es brauchte, und schon war ich 500 Meter von all diesen Begehrlichkeiten entfernt. Dann 1.000.

Die Probleme:

1. Es wird nicht lange dauern und es sind 2.000.
2. Es wird ebenfalls nicht lange dauern und ich kann nicht mehr.
3. Was für Fische gibt es eigentlich hier?

Der Tip eines Surfers rettete mir das Leben. Ich gebe ihn hiermit weiter. (...)

Leseprobe aus:

Helge Timmerberg:
Timmerbergs Reise-ABC

»Ein atemloser Thriller, basierend auf
genauer Recherche der Wirklichkeit und
ihrer spannenden Übersetzung in
eine atemberaubende Geschichte.«

Michael Jürgs über ›RISSE IM RUHM‹

Hamburg, Rio de Janeiro, Berlin & die Ex-DDR – das sind die Schauplätze dieses Thrillers, der mehr Drehungen & Wendungen hat, als ein Eistanz. Mitten im Wirbel der Ereignisse steht der Star-Reporter Michael Mammen. Für das Magazin ARENA soll er über eine Geiselnahme in Hamburg berichten. Dabei gerät er zwischen die Fronten von Gangstern & Polizei. Denn nur er kann die Katastrophe vielleicht abwenden, wenn er herausfindet, was frühere Reportagen über eine Nazi-Ärztin, Waffenhandel, Mord & Korruption mit den Geiselnehmern zu tun haben. Und dann ist da noch seine Geliebte ...